INSTRUCTOR'S MANUAL
CONVERSANDO

INSTRUCTOR'S MANUAL

CONVERSANDO

Juan Kattán-Ibarra

National Textbook Company
a division of NTC *Publishing Group* • Lincolnwood, Illinois USA

1997 Printing

Contents

Introduction

This Instructor's Manual was designed to help you make the best use of *Conversando* in the intermediate or advanced Spanish classroom. In it, you will find general suggestions for presenting the dialogues and for using the textbook and cassette, as well as detailed unit-by-unit suggestions for working with the individual dialogues and activities.

Conversando can be used as the principal text for a conversational Spanish course or in conjunction with any other materials. The units do not have to be presented in the order in which they appear in the student text. They can be arranged to match the sequence of your Spanish program or to meet the particular needs of your class. It is recommended, however, that each unit covered in class be thoroughly exploited and the suggested activities explored so that students can derive maximum benefit from this program.

The first section of this Instructor's Manual, the Methodological Guide, contains general suggestions for presenting the dialogues and making the best use of the cassette and the student book together. Following the Methodological Guide, each Instructor's Manual section corresponds to a unit in the student text. The aim of these sections is to help you encourage your students to speak Spanish in natural, conversational situations. Suggestions for introducing dialogues and activities, further exploring the topics covered in the units, and helping students create their own conversations all contribute toward the goal of helping students achieve conversational fluency in Spanish. Where appropriate, the Instructor's Manual also provides possible student responses to help teachers evaluate students' performance.

Methodological Guide

Presenting a dialogue

The following procedure is suggested for the presentation and study of the dialogues in the first section of each unit:

1. Have the students listen twice to the cassette recording of a complete dialogue to give them a general "feel" for the context. You can then ask specific questions to test comprehension or ask students to make a brief summary of the conversation in Spanish.

2. After the previous exercise, students may open their books and read along as they listen to the recorded dialogue once again. As they do so, students may refer to the glossary (*Notas*) that follows the dialogue.

3. The dialogues may also be studied without the aid of the textbook. For example, you may introduce new words and idioms before students listen to the tape. This new vocabulary may be presented as relevant and important to the theme students are about to study. Certain subjects will lend themselves to a preliminary discussion before the presentation of the dialogue.

4. After the dialogue has been presented, several students can then read it aloud, each taking a specific part. While the cassette serves to model the speed, pronunciation, rhythm, and intonation of Spanish speech, it is always useful to have students read the dialogue aloud.

5. It is recommended that some students memorize only certain parts of the dialogue, rather than having all students memorize the entire conversation, which would be a purely mechanical exercise. Role-playing encourages students to follow the story line and to react appropriately to the situation. Student motivation may be increased if you also assume a role, playing one of the characters in the conversation.

Creating new dialogues

The section **Y ahora tú** offers suggestions for the creation of new dialogues modeled on the ones presented in the first part of each unit. Dialogues may be created by the following methods:

1. In class—A dialogue is constructed in oral form only. At home—A written version is prepared, based on the dialogue developed orally in class.

2. In pairs or in groups—A dialogue will be developed either in oral or written form. This will be followed by a comparison of the various versions and by selection of the most successful one, which can be written down on the chalkboard or on a transparency.

3. As a homework assignment—A written dialogue is created at home to be followed by a comparison in class and selection of the most successful version.

4. As an in-class test—This, however, should only be done after students have created several dialogues and are familiar with the technique.

Suggested procedures for the creation of new dialogues:

Students will normally convert the roles of all the characters outlined in the instructions into dialogue, but you may focus their attention by distributing prepared mimeographed sheets of single roles (usually drawn from among those that students need not master actively—for example, a sales clerk in Unit 1, a waiter or waitress in Unit 3).

Before the class is given its first assignment, it would be useful for you to explain briefly how to construct a dialogue. You should ask students to make extensive use of the language structures and vocabulary contained in the introductory dialogue. Students should also be directed to the *Palabras y frases útiles,* which follow each exercise.

The words and expressions suggested under *Palabras y frases útiles* are the simplest appropriate to the situation. They are also the most frequent. Of course, other choices are possible, since a given situation can be expressed in a variety of ways. What counts is that expressions should fit the context of the conversation. Students should not be limited to suggestions made in the Instructor's Manual, but should be encouraged to use as wide a variety of idioms as possible. This flexibility has the added advantage of allowing you to monitor students' proficiency more accurately.

You may wish to play a more active role in the construction of new dialogues, by playing one of the roles yourself at first. This will not only provide students with a good model but will also allow you to present words and expressions they might want to incorporate into the conversations.

Themes for discussion and debate

A number of units contain suggestions for discussion and/or debate. The themes here are linked to the main topic of the unit. They do, however, include new vocabulary and expressions, as well as structures not contained in the introductory dialogues.

Use of language here will be more open and flexible than in the dialogue-creation exercises; therefore, students may need more help before they hold a discussion or debate on the theme. Assistance may be given in a number of ways:

1. Announce the subject to be discussed and ask simple preliminary questions about it. This will serve a double purpose: it will allow you to motivate the class to talk about the subject and it will help to build up the language necessary to deal with the topic.

2. The previous step may be followed by a study of the written text and by the presentation of other related passages or material. New vocabulary may be explained at this stage.

3. Once the students have read the text, ask a few simple questions to test comprehension and deal with any difficulties that may arise.

4. Review the list of words and expressions under *Palabras y frases útiles* and add others if necessary.

5. Students will now have enough information on the subject and a reasonable range of vocabulary to be able to discuss the theme as a class, in pairs, or in small groups.

1. De compras

DIÁLOGOS

1. En la sección de ropa de caballeros de unos grandes almacenes

Present the dialogue as suggested in the Methodological Guide, first as a listening comprehension exercise, with books closed, then with the aid of the book.

During the first stage, and after the students have had time to listen to the complete dialogue at least once, you may want to test their comprehension through simple questions like the following:

- ¿Qué desea comprar el cliente?
- ¿Cuánto valen?
- ¿Qué talla busca?
- ¿Qué colores hay?
- ¿De qué color es la camisa que compra?
- ¿Qué más desea comprar?
- ¿Por qué no le gustan las primeras corbatas que ve?
- ¿Cuánto cuesta la corbata que compra?

After the students have listened to the dialogue two or three times, you may want to ask them to reproduce some of the key phrases in it with questions such as these:

- What question did the customer use to enquire about the price of the shirts? (*¿Cuánto valen estas camisas?*)
- What sentence did the salesclerk use in his reply? (*Ésas cuestan cinco mil doscientas pesetas.*)
- What sentence did the salesclerk use to say "We don't have any left"? (*No nos queda ninguna.*)
- What sentence did the salesclerk use to say "We have just received"? (*Nos acaban de llegar...*)

Ask other questions similar to the ones above, if you think it's necessary and, whenever possible, expand them by asking students to give alternatives; for example:

- How else could you express the idea in *¿Cuánto valen estas camisas?* (¿Cuánto cuestan...?/¿Qué precio tienen...?)
- How else could you express the idea in *ésas cuestan cinco mil doscientas pesetas?* (Ésas valen.../Ésas las tenemos a...).

During the second stage of presentation of the dialogue, and after the class has listened to it at least once with books open, you may wish to draw their attention to particular expressions; for example:

- Notice the use of the preposition *de* when talking about the material something is made of, as in *¿son de algodón?, de seda italiana.*

- Observe the use of the preposition *de* in these phrases: *de muy buena calidad, de la talla dieciséis.*

- Note the use of the verb *quedar* in this sentence: *no nos queda ninguna.* Explain to students that in this construction *quedar* is used in the third person singular or plural, to agree in number with the noun that follows: *no queda ninguna camisa* (singular), *no quedan camisas* (plural).

- Notice the use of the verb *combinar: quiero una corbata que combine.* You might also like to bring to their attention the fact that the verb here is in the present subjunctive, because we are talking about something hypothetical.

- Note also the use of the present subjunctive: *quizá le convenga* (from *convenir*). Explain that *quizá* may be followed by either the subjunctive or indicative form (*quizá le conviene . . .*), depending on the degree of doubt or uncertainty. Likewise, *quizá está allí* or *quizá esté allí.* Here, as throughout the rest of the text, differences between peninsular and Latin American Spanish should be pointed out. As the dialogue is set in Spain, the speaker uses *quizá* rather than *quizás. Quizás* is more common in Latin America.

- *Ésta le sale por . . .* This is a very colloquial and fairly frequent way of referring to the cost of something, and it is used in Spain as well as in Latin America. You may want to give more examples: *¿cuánto te salió?, me salió por 1000 pesos.*

Continue with the dialogue, as suggested in the Methodological Guide, with activities such as these: students read the dialogue aloud, each taking a specific part; students may memorize certain parts of the dialogue; students adapt parts of the dialogue substituting vocabulary, expressing their own preferences (e.g., color, type of material), or stating their own size for clothes.

2. En la sección de perfumería

Present the dialogue as suggested previously; then ask one or two students to make a brief summary of it in Spanish, using sentences like these:

> Una clienta entra en la sección de perfumería a comprar un perfume para hacer un regalo. La clienta desea algo de calidad, pero que no sea demasiado caro y le pide a la dependienta que le recomiende algo. La dependienta le recomienda un perfume francés que está en oferta . . .

You may want to use simple questions as prompts, if necessary, for example: *¿Qué le parece el primer perfume a la clienta?, ¿Cuánto cuesta?, ¿Por qué no lo lleva?*

During the second stage of presentation, and while students have their texts in front of them, you may focus attention on key phrases like these: (*Quiero algo de calidad,*) *pero que no sea demasiado caro* (use of present subjunctive), *es más de lo que pensaba gastar* (*pensar* + infinitive), *¿puede envolvérmelo . . . ?* (use of object pronouns after an infinitive).

Students may memorize parts of the dialogue and act it out as it is or substitute some of the vocabulary: cologne (*una colonia*), a cream (*una crema*), a sun tan cream (*una crema para el sol*), soap (*un jabón*), bath salts (*sales para el baño*), shaving cream (*crema de afeitar*).

3. En la sección de comestibles

Present the dialogue and focus attention on some of the key phrases such as *me da . . .* (use of present tense indicative), *deme . . .* (use of imperative), *¿a cómo están los espárragos?* (use of *estar* to inquire about the cost of things whose price may fluctuate).

At this stage it may be useful to remind students of words related to weight, volume, and number, as well as terms that designate containers, for example:

Un kilo/medio kilo/un cuarto de kilo de . . . , un litro/medio litro/un cuarto de litro de . . . , una docena/media docena de . . . , una botella de . . . , un paquete de . . . , una lata de . . . , un frasco de . . . , una caja de . . .

These words will be useful when students have to adapt the dialogue using new vocabulary such as *huevos (una docena), vinagre (un litro), cerillas (una caja), mermelada (un frasco)*.

4. En la sección de artículos de oficina

This dialogue adds a new dimension to the language presented in the previous dialogues. As well as reinforcing words and key phrases related to shopping in general, students will have a chance to hear and use descriptive language. Therefore, after they have become familiar with the dialogue and the new vocabulary, bring to their attention the following descriptive phrases: *es un modelo nuevo, es una máquina muy buena, es bastante liviana.* Remind the class that the verb normally used in description is *ser*. As a preliminary practice, before you ask them to act out the dialogue, it may be useful to ask them to describe other objects which they might want to purchase, for example:

un ordenador (used in Spain) o un computador/una computadora

es de (muy) buena calidad

es caro(a) — barato(a)

es pesado(a) — liviano(a)

es pequeño(a) — grande

es un modelo nuevo — antiguo

To review and help students memorize some of the important phrases in the dialogue, you may ask what phrase or sentence is used in the dialogue to express these ideas: it's the last one we have left (*es la última que nos queda*), I'm very pleased with it (*estoy encantado con ella*), you can try it if you like (*si gusta puede probarla*), it's just what I was looking for (*es justo lo que buscaba*), isn't there any discount? (*¿no hay ningún descuento?*), in cash (*en efectivo*), as you like (*como usted quiera*).

Y AHORA TÚ

1. Follow the procedures suggested in the Methodological Guide, explaining exactly what the task involves, reviewing the vocabulary and structures students will need to use and having them work in pairs or in groups. This general procedure may serve for most of the exercises in the section *Y ahora tú*. Apart from the vocabulary found in the first dialogue and that listed at the end of this exercise, you may want to give the class additional expressions for each of the roles.

Dependiente:

    ¿En qué puedo servirle?

    ¿Le gusta/agrada éste/ésta?

    ¿Qué le parece éste/ésta?

    Es un modelo muy bonito/elegante/moderno.

    ¿Qué color prefiere?

    ¿Quiere probárselo/la?

    Allí está el probador.

Cliente:

    Me muestra ése/ésa . . .

    Quisiera ver . . .

    Busco algo . . .

    No me gusta.

    Es muy bonito/elegante/moderno/caro.

    ¿Puedo probármelo/la?

    (No) me queda bien.

    Me queda grande/chico.

    Es demasiado pequeño(a)/grande/caro(a).

    ¿No tiene otro(a) más grande/pequeño(a), barato(a)?

    ¿Puedo pagar con tarjeta de crédito/con cheque?

2. Prepare the students as for exercise 1. Some of the phrases used previously may also be useful in carrying out this new task, but you may also want to give additional expressions depending on the type of object the students have chosen to purchase.

una pluma estilográfica marca . . .

una cartera/un bolso de piel (Spain), de cuero, de material sintético

un disco (compacto), una cassette de música popular, clásica, española, sudamericana, mexicana . . .

un perfume/una colonia francés/francesa, para hombre/mujer . . .

una corbata de seda, de poliéster . . .

un pañuelo de bolsillo/para la cabeza . . .

3. Before students role-play buying and selling various food products, it may be useful to remind them that words for food, particularly those referring to fruit and vegetables, may vary from one Spanish-speaking country to another. Peaches and apricots are called *duraznos* and *damascos* in many Latin American countries, whereas in Spain they are known as *melocotones* and *albaricoques,* respectively. Other words heard in parts of Latin America are *palta* for avocado, *papas* for potatoes, *ají* for chili. It would be impossible to list all the differences here, but students who are interested in a specific country might wish to contact a native speaker or do research to find out what the more common fruits and vegetables are called in that particular country or region.

4. Before asking the class to read the text on consumer rights, it may be a good idea to hold a brief discussion on the subject either in Spanish or in English. This will allow you to introduce words and phrases which students may need when talking about this topic. Some phrases are listed in the student text, but you may want to introduce others, for example:

consumo, el comercio, los comerciantes, los artículos de primera necesidad, la publicidad (engañosa), no responder a las expectativas, la queja, quejarse, las autoridades pertinentes, hacer valer sus derechos.

ADDITIONAL PRACTICE

The subject of consumer rights may lend itself to a role-playing exercise such as the following:

Has ido a una tienda a comprar un artículo, por ejemplo una cámara fotográfica, una calculadora de bolsillo, una radio portátil, una máquina de escribir o una cafetera. Al llegar a casa te das cuenta que el artículo que has comprado no funciona (bien). Vuelves a la tienda y haces una reclamación al dependiente que te atendió y exiges que te cambien la mercancía. El dependiente insinúa que el artículo estaba en buenas condiciones cuando lo llevaste y que seguramente el daño ocurrió en casa. Tú, indignado, insistes en que te lo cambien o que te devuelvan el dinero. Después de mucha discusión, el dependiente acepta el cambio. Tú te marchas prometiendo quejarte a la asociación de consumidores por su actitud y de paso le dices que no piensas volver a comprar allí.

Palabras y frases útiles

tiene un defecto, no funciona bien, estar en perfectas condiciones, seguramente se dañó, quiero que me lo cambien, tendrá que devolverme el dinero, insisto en que, me quejaré, haré una reclamación, no volveré a pisar esta tienda.

2. Servicios y reparaciones

DIÁLOGOS

1. En una tintorería

Present the dialogue, focusing attention on the main function of this Unit, requesting a service. Apart from the specific vocabulary related to the particular area of service, you may want to provide students with a list of general phrases which they could use to obtain services:

¿Puede/n (lavarme, plancharme, limpiarme, repararme, revisar)?

¿Podría/n (arreglarme, cambiarme, enviarme, traerme)?

Remind students that the position of the personal pronoun after the infinitive is optional in this construction; it can also be placed before the infinitive or the conjugated verb:

¿Me puede lavar esta ropa?

Quisiera que me reparara (reparase), lavara (lavase), cambiara (cambiase) . . .

Call students' attention to the use of the imperfect subjunctive in this construction, where the verb has two alternative endings:

-ara or -ase for -ar verbs and -iera or -iese for -er and -ir verbs.

Have students also note the types of phrases they would be likely to hear in this kind of situation, for example:

Puedo tenérselo/la/los/las para (mañana, el lunes . . .).

Se lo/la/los/las puedo tener para (la semana que viene).

Highlight the two alternative positions for the personal pronouns in the previous examples.

Review, if necessary, the use of the preposition *para* in this context:

Estará listo/a para (el 4 de abril).

Se lo/la/los/las tendré listo para (el sábado).

2. En una relojería

As you present the dialogue, highlight some of the key phrases:

- *¿Podrían repararme . . . ?*
- *¿Qué es lo que le pasa?*
- *Se me cayó.* Explain that in this context *caerse* may translate as "to fall" or "to drop": it fell or I dropped it.
- *Debe de haberse quebrado.* Explain that in this context *deber de* expresses probability. Give other examples if necessary: *debe de estar roto* (it must be broken), *debe de estar listo* (it must be ready).

You may want to contrast the expression of probability in the last example above with the expression of certainty in:

Estoy seguro de que no tendrá ningún problema, pero con seguridad estará el viernes, ¿verdad?

After the students have read the dialogue a few times, you might want to have volunteers reenact it, using props if desired, and improvising any lines which have not been memorized.

3. En un garaje

Before the class listens to the dialogue, you might want to give a brief summary of the situation in Spanish. This will give you a chance to introduce some of the more specific words related to cars which students might not be familiar with:

el neumático, el pinchazo, tener un pinchazo, los frenos.

Students might then relate similar situations which happened to them, their parents, or a friend. Encourage them to speak and, as they do, introduce other vocabulary they might need:

la batería, el carburador, la dirección, los faros, el parabrisas, la luz de estacionamiento, el intermitente.

To review vocabulary and structures you may ask the class to give the Spanish equivalent of certain phrases used in the dialogue:

What phrase or sentence is used in the text to express these ideas?

- I'd like to have this tire repaired. (*Quisiera que me repararan este neumático.*)
- I've had a flat. (*He tenido un pinchazo.*)
- I'm on my way back to California. (*Voy de regreso a California.*)
- Can you have a look at the brakes? (*¿Puede echarle un vistazo a los frenos?*)
- We'll check it. (*Le haremos una revisión.*)
- We'll give it back to you in perfect condition. (*Se lo entregaremos en perfectas condiciones.*)

Y AHORA TÚ

1. Under *Palabras y frases útiles* basic words related to photography and the camera are given. To prepare students for the role–playing exercise, you may wish to add these: *cargar la cámara* (to load the camera), *enfocar* (to focus), *sobreexpuesta* (overexposed), *subexpuesta* (underexposed), *el disparador* (shutter release), *el carrete* (spool), *la imagen movida/borrosa* (blurred image).

To facilitate the role-playing task, and to encourage the class to participate actively, you might interpret one of the roles yourself, first with one of the students, following the suggested dialogue:

CLIENTE:	Buenos días. Mi cámara no funciona bien y quisiera que me la repararan.
DEPENDIENTE:	¿Qué problema tiene?
CLIENTE:	Las fotos salen sobreexpuestas. Hasta ahora había funcionado perfectamente bien, pero hace unos días le di un golpe y eso puede haberla dañado.
DEPENDIENTE:	Posiblemente le entra luz. Tendré que revisarla. Si gusta me la deja.
CLIENTE:	¿Para cuándo me la podría tener?
DEPENDIENTE:	Pase usted mañana después de las 3.00. A esa hora ya estará lista.
CLIENTE:	¿Y cuánto me costará el arreglo?
DEPENDIENTE:	Aún no lo sé, depende de lo que haya que hacerle, pero si usted quiere, vuelva usted dentro de una hora y le daré un presupuesto. Si usted está de acuerdo, se la repararemos.
CLIENTE:	Perfectamente, volveré dentro de una hora. Hasta luego.
DEPENDIENTE:	Hasta luego.

2. Review, if necessary, the vocabulary from the third dialogue and the words and phrases listed under *Palabras y frases útiles*. Before having students role-play this exercise, it might be useful to practice with single phrases related specifically to the topic. Ask the class, for instance, to think of things that might go wrong with a car and put these ideas into words, giving assistance when necessary.

Here are some examples:

- Los frenos no obedecen.
- El motor tiene un ruido extraño.
- La caja de cambios está dañada.
- El motor no arranca.
- El motor se calienta demasiado.
- Las bujías están sucias.
- La presión de los neumáticos está muy baja.
- Hay que cambiar el aceite.

3. Many of the words related to cars which appear in this text will already be known to students from the third dialogue and from the preceding exercise. Others, such as the following, may need further explanation:

el desperfecto, la mecánica, el mantenimiento (del coche), el nivel (del aceite/del agua), el radiador, la avería, el anticongelante, la correa del ventilador, la batería, el agua destilada.

Before students pair up for the role-playing exercises, you might want to ask them some single comprehension questions about the text to test their understanding, and also to help them memorize the new vocabulary.

- ¿Cada cuántos kilómetros hay que cambiar el aceite?
- ¿Cada cuántos kilómetros hay que revisar el nivel del aceite?
- ¿Cada cuántos kilómetros es necesario revisar el nivel del agua? ¿Por qué?
- ¿Dónde se echa el agua?
- ¿Por qué hay que revisar la correa del ventilador?
- ¿Cada cuántos kilómetros hay que revisar la correa del ventilador?
- ¿Qué es necesario hacer si la correa tiene desperfectos?
- ¿Cada cuántos kilómetros hay que revisar el agua destilada?

4. Once students have become familiar with the vocabulary they will need for this exercise, you might ask the class to suggest alternative lines for each of the two characters; for example:

Cliente:

¿Pueden lavarme y plancharme esta ropa?

¿Podrían lavarme y plancharme esta ropa?

¿Sería tan amable de pedir que me laven y planchen esta ropa?

Necesito que me laven y planchen esta ropa.

Botones o camarera:

Sí, cómo no, ¿para cuándo la quiere?

¿Para cuándo la necesita?

¿La necesita con urgencia?

Cliente:

Me voy mañana por la tarde, de manera que la necesito a más tardar al mediodía.

La quiero para mañana antes del mediodía, porque tengo que viajar.

Mañana me marcho, así que quiero que esté lista al mediodía, a más tardar.

If necessary, offer other alternative sentences, and then ask students to pair up for the final role-playing exercise.

ADDITIONAL PRACTICE

Estás pasando una temporada en un país de habla española y tu televisor se ha estropeado. Cerca del apartamento donde vives hay un taller de reparaciones. Explícale al empleado el problema y pídele que te lo repare lo antes posible ya que hay un programa el sábado que no te quieres perder. El empleado duda que pueda estar listo tan pronto, pues tiene demasiado trabajo, pero promete hacer lo posible por entregártelo el sábado por la mañana. De no ser posible, el empleado ofrece alquilarte un televisor para el fin de semana.

Palabras y frases útiles

el televisor, no funciona bien, está estropeado, la imagen está borrosa, la antena está rota, el control remoto no funciona, no hay sonido, no enciende, un programa de televisión, alquilar un televisor, el alquiler, hacer todo lo posible, ojalá pueda . . . , no se lo puedo asegurar, va a ser un poco difícil, estoy (muy) ocupado, estoy ocupadísimo.

Other ideas for creating a dialogue might include getting your shoes repaired or having your hair cut.

3. En el restaurante

DIÁLOGOS

1. Julio e Isabel en un restaurante de una ciudad mexicana

Present the dialogue, and as you do so call the students' attention to phrases that can be used when ordering food in a restaurant: *yo quiero, yo prefiero, tráigame, para mí.* Point out other specific words and phrases such as *me/nos trae la carta, para empezar, lleva (lechuga, jamón), de segundo, el postre.*

Ask students to list all the words in the dialogue that name foods (for example, *la lechuga, el jamón, el pollo, la lengua*) and also all the phrases which denote how food may be served or prepared (for example, *las papas cocidas, el pescado a la plancha*). To these, they may add other words and phrases they may be familiar with, such as *las verduras, las legumbres, los mariscos, al vapor, asado, frito, molido.*

2. De visita en un café

After presentation of the dialogue, you may ask students to mention other words and phrases that can be used in a similar context. Here are some examples:

el café con leche, el café cortado, el café descafeinado, el té solo, el té con leche, el té con limón, el bocadillo (Spain)/el emparedado (Mexico) de jamón/queso/chorizo/atún, la tarta (Spain) de manzana/de fresas/de queso.

3. En la habitación de un hotel en Cuernavaca, México

As you present the dialogue call the students' attention to the two alternatives for the word "room": *la habitación, el cuarto.* Explain that the first word is used more frequently, particularly in Spain, where it may also mean "bedroom." The word *cuarto* is heard more often in Latin America and it is also found in combination with other words, such as *el cuarto de baño* (bathroom), *el cuarto de estar* (living room), *el cuarto oscuro* (photographer's darkroom), *el cuarto trastero/de los trastos* (storage room).

Remind students that this is a Mexican context and that in Spain the sentence *trae jugo de fruta, pan tostado y café o té,* would most likely be rendered as *trae zumo de fruta, tostadas y café o té.*

You might want to review the use of direct and indirect object pronouns: *¿ . . . me ha dicho?, ¿pueden enviarlo . . . ?, se lo enviaremos.* Provide, if necessary, other examples:

Me trae otro café, por favor.

Se lo traeré enseguida.

¿Lo quiere con leche?

Tráigamelo sin leche.

Le traeré también un poco de mantequilla.

Me pasa la sal, por favor.

¿Quiere que le traiga más mermelada?

¿Dónde le dejo el periódico?

Déjemelo aquí.

Nos trae la cuenta, por favor.

Se la traeré inmediatamente.

Y AHORA TÚ

1. Play one of the roles yourself before asking the class to work together in pairs or groups. This will give you a chance to introduce some additional vocabulary, such as:

un consomé, un gazpacho

una sopa de pescado/mariscos/espárragos/champiñones/espinacas

una ensalada de tomates/lechuga/mixta

las espinacas con bechamel

los huevos fritos con jamón

la tortilla española*

la paella

pescados: la merluza, el lenguado, el bacalao

mariscos: los mejillones, los calamares, las gambas (Spain), los camarones (Latin America)

carne: las chuletas de cerdo/cordero, el filete de ternera, el solomillo de cerdo, el pollo asado

postres: los helados, la fruta del tiempo, la ensalada de fruta, el flan

2. Before asking students to prepare a dialogue, you might want to suggest the following sentences to them.

¿Podrían traerme el desayuno a la habitación/a mi cuarto?

¿Sería tan amable de enviarme/mandarme el desayuno?

Quisiera desayunar en la habitación.

¿Puede enviar un desayuno continental a la habitación número 45, por favor?

Quiero que me traigan el desayuno a la habitación, por favor.

---

* In Mexico *tortilla* is a kind of corn pancake; in Spain, it is an omelette.

3. As you present the recipe, call the students' attention to the use of *se*, as in *se toma fría, se necesitan los siguientes ingredientes, se mezcla el vinagre, se pone el ajo.* You may ask them to list all such phrases and explain their use if necessary. Point out that there are alternative forms to the use of *se.* In a written context such as this you may also use the imperative to provide instructions: *mezcle el vinagre, échelo sobre el pan, agregue el aceite.* In the following two sentences, however, the imperative and the construction with *se* are not interchangeable: *" . . . es una sopa vegetal, de origen árabe, que se toma fría . . . ", "se necesitan los siguientes ingredientes . . . ".* In the spoken language, one could use a wider variety of forms: *primero tienes que mezclar el vinagre y el agua* (use of *tener que* in the present), *hay que echarlo sobre el pan* (use of impersonal *hay que*) *agrégale el aceite y el pan* (use of the familiar imperative), *después lo mezclas* (use of present tense).

4. As students work together in pairs, help them with the vocabulary they might need to describe a typical dish from their family's country of origin.

5. As you present the article, highlight those words and phrases whose function is to establish a comparison of some sort:

El consumo de carne vacuna y de pescado **es mayor** en el norte . . . , **mientras que** en Cataluña y Levante . . .

Los catalanes y valencianos consumen también **mayor** cantidad de frutas y verduras **que** en otras partes de España.

La carne y los huevos son parte importante de la dieta . . . **mientras que** los andaluces prefieren el pescado y las frutas.

To discuss the differences between eating habits in different regions of their own country, students may need other comparative phrases such as these:

En (lugar) se come más (por ej. pescado) que en (lugar).

En (lugar) se come mucha carne, en cambio en (lugar) se come más (por ej. pescado).

El mayor consumo de verduras y frutas se da en (lugar).

El menor consumo de carne se da en (lugar).

6. Although the words under **Dieta aconsejada para adelgazar** will be found in the Spanish–English vocabulary at the end of the student text, certain phrases such as *leche entera, quesos grasos, carnes magras, yogur desnatado,* may need an explanation.

Before asking students to discuss the subject, you may want to review phrases normally used to express an opinion, for example:

(yo) creo que . . .

me parece que . . .

(yo) opino que . . .

(yo) pienso que . . .

a mi juicio . . .

en mi opinión . . .

(yo) considero que . . .

ADDITIONAL PRACTICE

Durante unas vacaciones en un país de habla española, vas a cenar a casa de un compañero y su familia. Antes de pasar a la mesa el compañero te ofrece algo de beber. Tú agradeces y aceptas beber algo. Una vez en el comedor, te ofrecen asiento junto a un miembro de la familia. Durante el curso de la cena todos quieren saber algo de ti: ¿de dónde eres?, ¿qué haces?, ¿cuántas personas hay en tu familia y quiénes son?, ¿por qué has venido aquí?, ¿qué te parece el país? Al mismo tiempo, tú haces comentarios sobre la cena, que está deliciosa. La persona que está a tu lado te ofrece un poco más y tú aceptas encantado. El postre también está riquísimo, pero aunque tu vecino de mesa insiste en que te sirvas más, tú no lo haces. Has comido suficiente. Te ofrecen café, lo que sí aceptas. La sobremesa es larga, pues hay mucho de que hablar, pero tú tienes que retirarte, ya que es tarde y debes regresar a tu hotel. Elogias una vez más la cena y agradeces la invitación. Naturalmente, les dirás que esperas verlos antes de marcharte.

Palabras y frases útiles

¿qué quieres tomar/beber?

¿te sirves un aperitivo?

¿qué te sirves/prefieres?

pasar a la mesa

sentarse aquí/al lado de . . . /junto a . . .

¿te sirves otro poco/un poco más?

un poquito solamente

es suficiente

he comido suficiente, gracias

nada más, gracias

la carne/el pescado está muy buena/o

la cena está/ha estado deliciosa/riquísima

muchas gracias por la invitación

les agradezco mucho la invitación

espero verlos antes de marcharme

me gustaría invitarlos/que vinieran a mi hotel

tomar una copa

4. Tiempo de ocio

DIÁLOGOS

1. ¿Quieres ir al cine?

During the first phase of presentation of the dialogue, you may want to ask a few simple comprehension questions, such as the following:

- ¿Cuándo llamó Gloria a Antonio?
- ¿Dónde estaba Antonio cuando Gloria lo llamó?
- ¿En casa de quién estaba?
- ¿Cómo lo pasó allí?
- ¿Cuál es el propósito de la llamada de Antonio a Gloria?
- ¿Cómo se llama la película que quiere ver?
- ¿Dónde la ponen?
- ¿Qué dice Gloria sobre la película?
- ¿A qué sesión irán?
- ¿A qué hora pasará Antonio por Gloria?
- ¿Qué harán antes de ir al cine?
- ¿Qué sugiere Gloria con respecto a su amiga Marisa? ¿Por qué?

During the second phase of presentation and while students spend time studying the dialogue in their textbooks, select some expressions and, if necessary, explain how they are used. You may want to give other examples of their use. You might want to call the students' attention to the following phrases:

¡Qué sorpresa!

¿Y qué tal lo has pasado?

Nos hemos divertido muchísimo.

Ya te lo contaré.

a propósito

es que

poner una película

al borde de

no me importaría

¿Qué te parece si . . . ?

pasar por (alguien)

tomar una copa

¿Qué tal si . . . ?

¡Vale!

2. Un fin de semana fuera de la ciudad

A range of tenses is used in the dialogue, and after the initial presentation you may want to review some of them, for example:

Future: *¿qué haremos . . . ?, será un fin de semana . . . , llamaré al hotel . . .*

Conditional: *creo que deberíamos salir, podríamos telefonear*

Present Perfect: *esta semana he trabajado muchísimo*

Preterite: *¿recuerdas aquel hotel . . . donde fuimos el año pasado?*

Imperfect: *no estaba nada mal, ¿recuerdas cómo se llamaba? Era el Hotel Bellavista.*

Point out other tenses (present indicative, present subjunctive) and other verb forms (imperative, infinitive) if necessary, but review the uses and forms of the future and conditional tenses, for the students will need these when discussing future plans and possibilities.

¿qué harás mañana?, ¿dónde irás?, ¿a qué hora saldrás?, ¿a qué hora volverás?, podríamos ir al cine, me gustaría ver una buena película, sería estupendo, me encantaría, podríamos tomar un café antes.

Once the students are familiar with the dialogue, you may ask some to memorize certain sections of it, while improvising other lines.

One possible version follows:

A: ¿Qué harás este sábado?

B: Aún no lo sé. Me gustaría ir a la playa. Necesito tomar un poco de sol.

A: Yo también. ¿Por qué no vamos a . . . ? Podríamos quedarnos en casa de . . .

B: Estupendo. Podemos irnos el sábado por la mañana y volver al otro día por la noche. ¿Qué te parece la idea?

A: ¿Por qué no? Telefonearé a . . . para decirle que iremos a verlo/la. ¿Recuerdas su número?

B: Sí, es el 654 98 21.

A: Lo/la llamaré ahora mismo.

3. El partido de fútbol

As you present the dialogue, explain the use of the expression *¡qué lata!* (What a drag! What a bore!) A similar expression you may hear in Spain is *¡qué rollo!* Both may be considered slang and therefore would not be used in formal situations.

This dialogue will give you a chance to introduce other vocabulary related to games and sports, which the class will need when doing exercise 3 of the section *Y ahora tú.* You may want to introduce some new words:

marcar un gol (to score a goal), *el portero* (goalie), *el béisbol* (baseball), *el bateador* (batter), *el baloncesto* (basketball), *el balonvolea* (Spain)/*el voleibol* (Latin America) (volleyball), *el balonmano* (handball), *el tenis* (tennis), *la natación* (swimming), *el campo* (Spain)/*la cancha* (Latin America) (football field/tennis court), *ganar/ perder un partido* (to win/lose a game), *el árbitro* (referee), *el campeonato* (championship), *el campeón/la campeona* (champion).

Encourage students not only to make up conversations dealing with games and sports, but also to talk about their favorite sports, using some of the words above.

Y AHORA TÚ

1. Before doing this exercise, students should be familiar with some standard phrases used on the phone. Here is a list of the most frequent, classified according to function:

Asking to speak to someone:

¿Está (María)?

¿Podría hablar con (Pedro), por favor?

Quisiera hablar con (Carmen), por favor.

Saying that someone is not in:

(María) no está.

(Pedro) acaba de salir.

(Carmen) ha ido al banco.

Asking whether you want to leave a message:

¿Quiere dejarle algún recado?

Si gusta puede dejarle un recado.

Asking the speaker to identify himself/herself:

¿De parte de quién?

¿Quién habla?

Saying hello:

¿Diga? or ¿dígame? (Spain)

¿Bueno? (Mexico)

¿Hola? (Argentina)

¿Aló? (Argentina, Chile)

You might want to play one of the roles yourself before asking students to get together in pairs and work on their own. Here's a possible dialogue:

A: Buenas tardes. Quisiera hablar con José Miguel, por favor.

B: Sí, un momentito. ¿De parte de quién?

A: De parte de (name).

C: ¿Bueno?

A: Hola, José Miguel. Soy (name).

C: Hola, ¿cómo estás?

A: Muy bien, ¿y tú?

C: Bien, gracias.

A: Mira, te llamaba para invitarte al cine esta noche. ¿Estás libre?

C: Sí, no tengo nada que hacer. ¿Qué película quieres ver?

A: *El espíritu de la colmena.* Es una película española. Dicen que es muy buena.

C: Sí, he oído hablar de ella. Me gustaría mucho verla. ¿En qué cine la ponen (dan)?

A: En el Cine Central.

C: ¿Y a qué hora?

A: Hay una sesión (función) a las 7.30 y otra a las 9.30. ¿A cuál prefieres ir?

C: Me da igual.

A: En ese caso, ¿qué te parece si vamos a la de las 9.30? Así tendremos tiempo de pasear un rato antes y tomarnos un café. ¿Te parece bien?

C: Estupendo. Podríamos encontrarnos (quedar) en el Café Venecia. Sabes dónde está, ¿verdad?

A: Sí, lo conozco. ¿A las 8.00 te parece bien?

C: Muy bien, a las 8.00 en punto estaré allí.

A: Bueno, hasta luego.

C: Hasta luego.

2. Students may have more difficulty with structure than vocabulary in carrying out this exercise, particularly when making suggestions and stating preferences. In order to facilitate the task, you may want to work with the whole class first, asking them to provide possible sentences to express different functions. Here are some examples:

Making suggestions:

¿Por qué no vamos a la playa?

Podríamos ir al campo.

Sugiero que vayamos a la montaña.

¿Qué les parece si vamos a la playa?

Stating preferences:

Prefiero ir al campo.

Preferiría hacer una excursión a la montaña.

Sería mejor que fuéramos/fuésemos a la costa.

Me gustaría más ir de paseo al campo.

You may also want to list some words students might need when discussing the things they would like to do in each place, for example:

bañarse, nadar, tomar el sol, hacer surfing, pescar, pasear por (la playa/el campo), andar, caminar, cazar, escalar (una montaña), esquiar.

3. You may want to go over the vocabulary from dialogue 3 before asking students to work in pairs for this role-playing exercise. Here's a list of useful sentences for each exchange:

Suggesting a course of action:

¿Qué te parece si vamos al fútbol esta tarde?

¿Te gustaría ir al rugby esta tarde?

¿Qué tal si vamos al estadio?

Podríamos ir a ver un partido de baloncesto. ¿Qué te parece?

Saying you are unable to do something:

No puedo comprar las entradas pues tengo que trabajar.

Me es imposible porque . . .

Para mí es imposible porque . . .

Yo no podría ir a comprarlas . . .

Agreeing to meet:

¿Qué tal si nos encontramos en . . . ?

Podríamos encontrarnos en . . .

¿Qué te parece si quedamos en (lugar) a las (hora)?

A las (hora) en (lugar), ¿te parece bien?

4. Before asking students to talk about their weekend or holiday plans, you might wish to discuss your own plans first. This will give you an opportunity to introduce and/or review structures and vocabulary. Here's a possible example:

En mis próximas vacaciones espero visitar a unos amigos en México. Es la primera vez que viajo a ese país y tengo muchos deseos de conocerlo. Mis amigos viven in Guadalajara, que es una ciudad muy bonita. Pienso salir de aquí el 5 de agosto y volver el día 25. Viajaré directamente en avión de (lugar) a Guadalajara. También visitaré otras ciudades y sitios de interés.

5. Having students talk about a film or a game they have seen may not be a very simple task, given the range of vocabulary they will need. Again, one or two examples of your own might help them. Here's a possible example:

Hace unos días vi una película estupenda. Se llamaba . . . El director era . . . y en ella actuaban . . . y . . . El tema central de la película era . . . La película trataba de. . . . La historia era muy interesante y la actuación estupenda. Los personajes eran muy reales/convincentes . . . Lo que no me gustó mucho fue . . .

ADDITIONAL PRACTICE

De vuelta de un viaje de vacaciones te encuentras con una amiga de habla española a la que no veías desde hacía mucho tiempo. Tu amiga te pregunta sobre tus vacaciones. Cuéntale lo que has hecho, dónde fuiste, con quién fuiste, cuánto tiempo estuviste allí, qué hiciste durante el viaje y las vacaciones, qué gente conociste, dónde te quedaste. Relata unas vacaciones imaginarias o un viaje que en realidad has hecho.

Frases y palabras útiles

En las vacaciones (de verano) fui a . . .

Viajé en . . .

Fui con . . ./me acompañó mi . . .

Estuve allí . . ./pasé allí . . .

Lo pasé estupendamente

Salí mucho/nadé/tomé el sol/comí bastante/descansé mucho/fui a bailar/salí de excursión.

Conocí . . .

Me quedé en un hotel/en casa de amigos.

El hotel era . . . y estaba . . .

5. De viaje

DIÁLOGOS

1. Bienvenidos a Colombia

After presenting the dialogue, ask pairs of students to adapt it, substituting some of the words and phrases. An example follows:

CLIENTE:	Quiero reservar una habitación para el sábado próximo.
RECEPCIONISTA:	¿Cuántas personas son?
CLIENTE:	Somos tres. Queremos tres habitaciones individuales.
RECEPCIONISTA:	¿Y cuántas noches van a estar?
CLIENTE:	Vamos a quedarnos una semana.
RECEPCIONISTA:	¿Su nombre, por favor?
CLIENTE:	*(Gives his/her name)*
RECEPCIONISTA:	Perfectamente, señor/a . . . Su reserva está hecha.
CLIENTE:	Muchas gracias.
RECEPCIONISTA:	De nada.

2. En Medellín

During the presentation of the dialogue call the students' attention to the range of tenses used and ask them to justify each use:

Preterite:

Hice la reserva por teléfono el lunes pasado.

Present perfect:

¿A qué nombre me ha dicho que está?

Ir a + infinitive to indicate future:

¿Van a tomar la pensión completa?

Vamos a almorzar fuera.

Future:

Les daré una habitación con vista a los jardines.

Tomaré los datos y se los daré más tarde.

Llamaré al botones . . .

Present subjunctive:

. . . para que las suba.

This may be a good opportunity to review tenses, comparing, for example, the preterite with the present perfect in sentences like these:

Use of preterite or present perfect:

Ya hice la reserva.

Ya he hecho la reserva.

¿Dónde puso usted mis maletas?

¿Dónde ha puesto usted mis maletas?

Use of preterite with expressions of time such as *ayer, la semana pasada, el mes pasado:*

Hice la reserva el lunes pasado.

Llegamos al hotel el miércoles 22.

Llamó por teléfono la semana pasada.

Use of present perfect is preferred with adverbs such as *nunca, alguna vez, todavía, aún:*

Nunca he estado en este hotel.

¿Has estado alguna vez en Puerto Rico?

Los clientes todavía/aún no se han marchado.

You may wish to tell students that the present perfect tense is used more frequently in Spain than in Latin America. When talking about the recent past, Spaniards usually use the present perfect tense and not the preterite.

3. En la agencia de alquiler de coches

While presenting the dialogue ask students to list all the words and expressions that refer to cars and car rentals:

alquilar un coche

un coche pequeño/económico

el alquiler (por día)

los modelos

las tarifas (por día/por kilómetro)

el kilometraje ilimitado

el seguro

el seguro base

el seguro de accidente personal

A few comprehension questions will help to check understanding:

- ¿Qué tipo de coche prefieren Pablo y Pilar?
- ¿Qué coches les recomienda la empleada? ¿Por qué ésos?
- ¿Qué contiene el folleto que les da la empleada?
- ¿Para cuántos días quieren el coche?
- ¿Por qué les recomienda tomarlo con kilometraje ilimitado?
- ¿Está incluído el seguro?
- ¿Qué ventaja tiene tomar un seguro de accidente personal?
- ¿Hasta qué hora está abierta la agencia?
- ¿Tiene otra oficina la agencia? ¿Dónde?

Y AHORA TÚ

1. Dialogue 1 and its adaptation on page 21 of this Instructor's Manual will be a good starting point for this role-playing exercise. The following key words and phrases may need to be reviewed:

hacer una reserva/reservar una habitación/un cuarto

para dos noches/una semana

con/sin cuarto de baño

a partir del (fecha)/desde el (fecha)

hasta el (fecha)

inclusive

¿a qué nombre?

a nombre de (name)

2. You might like to play one of the roles first with a student, before asking the rest of the class to work with partners. Here's a possible dialogue:

CLIENTE: Buenos días. Me llamo *(name)*. He reservado una habitación por teléfono. Está a mi nombre.

RECEPCIONISTA: Perdone, ¿cómo ha dicho que se llama?

CLIENTE: *(Says his/her name again.)*

RECEPCIONISTA: Lo siento, pero no encuentro ninguna reserva a su nombre. ¿Podría deletrear su apellido, por favor?

CLIENTE: *(Spells his/her name.)* Hice la reserva personalmente hace un par de días.

RECEPCIONISTA: Ah, aquí está. Lo siento mucho, alguien debe haber olvidado registrar la reserva en el libro. Yo no estaba en la recepción ese día. Les daré la habitación 520 en

	el quinto piso. Es una habitación interior y no tiene vista al mar, pero desgraciadamente por ahora no hay otra habitación disponible. Les avisaré cuando haya una libre.
CLIENTE:	Sí, por favor. Nos gustaría una habitación con vista al mar.
RECEPCIONISTA:	Por favor, ¿podrían darme sus nombres y apellidos? Necesito ponerlos en el registro.
CLIENTE:	*(Gives his/her name and that of his/her companion.)*
RECEPCIONISTA:	¿Profesión?
CLIENTE:	*(Gives the information requested.)*
RECEPCIONISTA:	¿Y la dirección, por favor?
CLIENTE:	*(Gives his/her own address.)*

3. Before students do this role-playing exercise, you might want to compare Spanish and Latin American usage of the following words:

el coche (Spain)/*el carro* (used in many Latin American countries)

conducir (Spain)/*manejar* (used in most Latin American countries)

Students might like to know that the word *camión* in Mexico means bus, while in most Latin American countries it signifies truck. The word *guagua* means bus in Cuba, Puerto Rico and the Canary Islands; the same word in Chile and Peru means baby.

4. You might want to go over the uses of the preterite tense before asking students to do this exercise. To do so, you could relate a trip you once took, using sentences like these:

El año pasado fui a . . .

El viaje lo hice en (tren/coche/avión/barco) y fue muy interesante ya que . . .

Al llegar a (lugar) me fui a un hotel/casa de unos amigos . . .

El primer día descansé, pero al día siguiente (salí a conocer la ciudad/visité el museo y la catedral/fui a la playa/fui de paseo con mis amigos).

Estuve allí (15 días/tres semanas).

Lo pasé estupendamente.

Me divertí muchísimo.

El lugar me gustó mucho.

Mis amigos fueron muy amables conmigo.

Conocí a mucha gente.

5. Before students discuss the subject of domestic travel and transportation, you may ask them to list words and phrases related to this topic. Some phrases they will have encountered in the preceding exercise and in dialogue 3; others will be listed under *Frases y palabras útiles.* To these may be added:

hacer/realizar un viaje

un viaje de negocios

un viaje turístico

un viaje de ida y vuelta

un billete (de metro/autobús/tren) (Spain)

un boleto (de metro/autobús/tren) (Latin America)

un medio rápido/cómodo/económico de transporte

el viaje tarda mucho/poco

el tráfico

la congestión (de tráfico)

un embotellamiento de coches

circular

ADDITIONAL PRACTICE

Imagina que un amigo de habla española está de visita en tu país. Durante sus vacaciones quiere conocer otras regiones y otras ciudades de interés. Él te consulta sobre los sitios que convendría visitar y cómo podría viajar hasta allí. Indícale diferentes alternativas y distintos medios de transporte, mencionando las ventajas y desventajas de uno y otro.

Frases y palabras útiles

Podrías visitar . . .

Te recomiendo que vayas a . . .

Te gustará mucho . . .

Es muy interesante . . .

¿Por qué no vas a . . . ?

Puedes viajar en (tren/autobús/coche).

La ventaja de ir en (tren/coche/autobús) es que . . .

El problema es que . . .

Te resultará más cómodo/económico . . .

Es más rápido pero . . .

6. ¿Por dónde se va?

DIÁLOGOS

1. Una visita al museo

This dialogue focuses on asking for and giving directions. List, or have students point out, all those expressions related specifically to these two functions:

Está un poco lejos de aquí, ¿verdad?

Está bastante lejos.

Tienes que caminar hasta la estación Pedro de Valdivia y tomar el metro en dirección a la Estación Central.

Te bajas en la estación Universidad de Chile.

... caminas hasta la calle Bandera ...

En Bandera doblas a la derecha.

Bájate en la esquina de Pedro de Valdivia ...

Point out that there are several ways of giving directions. One way is by using *tener que:*

Tienes que caminar hasta la estación Pedro de Valdivia.

or the simple present tense:

Te bajas en la estación Pedro de Valdivia.

Or the imperative:

Caminas hasta la calle Bandera.

Indicate that the imperative is the most common form to be heard in such a context. You may, if necessary, review familiar and formal imperatives. One way of doing this might be adapting the dialogue to a formal situation, and using the *Ud.* rather than the familiar (*tú*) form of verbs. This could be an activity for the entire class or you might have students work in pairs.

2. Para ir al correo

Dialogue 2 brings in the formal imperative and a different way of asking for directions. Ask students to suggest other ways in which they might ask for directions, for example:

¿Dónde está la oficina de correos?

¿Podría decirme dónde está el museo?

¿Por dónde se va a la plaza?

You might like to review certain prepositions normally used in this context, for example:

Está **en** la Plaza de Armas.

Siga **por** esta misma calle.

Doble **a** la izquierda.

Está **en** la esquina.

A mano derecha.

As in dialogue 1, students might practice giving directions using both formal and familiar forms. Encourage them to use other verbs:

Continúe usted/continúa por esta misma calle.

Suba usted/sube por la calle . . .

Baje usted/baja por la calle . . .

Doble usted/dobla a la izquierda/derecha.

3. ¿Dónde está la agencia de viajes?

Again, as in dialogues 1 and 2, the main focus of this conversation is asking and giving directions. More prepositions come into play here, and you may want to point these out to students;

¿Hay alguna agencia de viajes **por** aquí?

En la calle Agustinas hay varias.

A unos cinco minutos de aquí.

Doble **a** la derecha.

Entre el Paseo Ahumada y la calle Bandera.

For further practice on asking and giving directions, ask students to bring in or draw maps of their own town and imagine that they are giving directions to a Spanish speaker who is new to town. This could be done in pairs or in small groups. Students should be encouraged to use as many different verb forms as possible, drawing from the dialogues they have already studied. Assistance may have to be given with plural forms of imperatives, for example:

Using the **ustedes** form of the present indicative:

Se bajan en la calle . . .

Cruzan la plaza . . .

Continúan por la misma calle . . .

Using the *vosotros* form of the present indicative:

Cogéis el autobús número 10 . . .

Os bajáis en la plaza . . .

Seguís por la calle . . .

4. Un viaje al sur de Chile

The main functions of Unit 6 are giving suggestions and making recommendations with relation to travel. During the presentation of this dialogue you may want to test comprehension through questions like these:

- ¿Dónde quieren viajar Andrew y su amigo?
- ¿Qué desventaja tiene el viajar en avión?
- ¿Qué les sugiere Carlos?
- ¿Por qué les recomienda el autobús en lugar del tren?
- ¿Qué sugerencia les hace con respecto al viaje de ida y regreso?
- ¿Cuándo les gustaría viajar a los dos muchachos?
- ¿Cuándo esperan volver?
- ¿Qué quiere hacer John antes de volver a los Estados Unidos?
- ¿Qué propone Carlos?
- ¿Qué dice Carlos con respecto a Mendoza y al viaje mismo?

You may want to call the students' attention to the use of the present subjunctive in *yo les sugiero que tomen un bus*. Give other examples with the same construction, also using *recomendar:*

Les sugiero que viajen en autobús.

Te sugiero que vayas al sur.

Les recomiendo que visiten Mendoza.

Te recomiendo que hagas el viaje en autobús.

Pick out some expressions students might want to incorporate into their active vocabulary:

salir caro/barato (Les saldrá bastante caro.)

en todo caso (En todo caso los buses son bastante cómodos.)

tener entendido que (Tengo entendido que hay un tren que sale . . .)

valer la pena (Es un viaje largo, pero vale la pena.)

a más tardar (Nos gustaría salir el lunes a más tardar.)

¡Trato hecho! (Lo haremos juntos cuando yo vuelva del sur. ¡Trato hecho!)

Y AHORA TÚ

1. Before asking students to work together in pairs to complete this exercise, encourage the class as a whole to give as many alternatives as possible for asking and giving directions. The following questions and statements may serve as a guide.

- ¿Qué línea tengo que tomar/coger para ir a la estación . . . ?
- ¿Qué línea va a la estación . . . ?
- ¿Me sirve la línea . . . para ir a la estación . . . ?
- Tome/coja la línea . . . en dirección a . . .
- Tome la línea que va a . . .
- Cambie en . . . a la línea . . .
- Tiene que cambiar en . . . a la línea . . .
- En . . . tiene que hacer transbordo y tomar/coger la línea . . .
- Haga transbordo en . . . y tome/coja la línea que va a . . .
- Bájese en . . .
- Tiene que bajarse en . . .

You may want to explain that in this context, in Spain the word *coger* is much more frequent than *tomar*. In the Spanish-speaking countries of Latin America, one normally hears *tomar*. In some Latin American countries, for example Argentina, *coger* has negative connotations and should be avoided.

2. You might like to play a role yourself first with one student before asking the rest of the class to role-play in pairs. A model dialogue follows:

VIAJERO: Buenos días. ¿Podría decirme cómo puedo viajar a Barcelona?

EMPLEADO: Bueno, puede utilizar el puente aéreo que hay entre Madrid y Barcelona. Hay vuelos cada hora y no necesita hacer reserva. También se puede viajar en tren o en autocar.

VIAJERO: Prefiero ir en tren o en autocar. ¿Cuáles son los horarios de salida?

EMPLEADO: Pues, tiene un tren expreso que sale de Madrid a las 22.55 y el Talgo, que es un tren rápido, que sale a las 10.25.

VIAJERO: Y las horas de llegada, ¿cuáles son?

EMPLEADO: El expreso llega a Barcelona a las 9.05 y el Talgo llega a las 16.45. Ahora, si usted prefiere el autocar, hay uno que sale de Madrid a las 23.15 y que llega a Barcelona a las 8.10.

VIAJERO:	No, haré el viaje en tren. ¿Hay mucha diferencia de precio entre el expreso y el Talgo?
EMPLEADO:	El billete de ida en el expreso cuesta 6.000 pesetas y en el Talgo vale 9.000 pesetas. Tiene que tener en cuenta que el Talgo es mucho más rápido y más cómodo.
VIAJERO:	Creo que preferiría viajar en el Talgo. ¿Puedo hacer una reserva aquí?
EMPLEADO:	Sí, ¿cuándo quiere viajar?
VIAJERO:	El viernes.
EMPLEADO:	¿Es un billete solamente?
VIAJERO:	Sí, sólo uno.
EMPLEADO:	Bien, un momento, por favor.

3. The verb forms in this activity, whether they are imperative or not, will be in the familiar form. A model may help to introduce new vocabulary and expressions before students are asked to work on their own:

Cuando salgas de la estación toma la derecha y sigue por esa calle hasta llegar al segundo semáforo. Allí doblas a la izquierda y continúas todo recto hasta el final, donde encontrarás una iglesia. Enfrente de la iglesia verás un gran edificio de apartamentos. A la derecha del edificio verás un edificio pequeño, de tres pisos. Allí es donde vivo yo. Ése es el número 531 de la calle York. El apartamento 25 está en el segundo piso, al final del pasillo.

4, 5, and **6.** These exercises involve similar functions: asking and giving directions. A model dialogue between you and one of the students might facilitate the task:

A:	Perdone, ¿sabe usted dónde está . . . ?
B:	Lo siento, no lo sé. No vivo por aquí. Pregúntele al guardia, él debe de saber.
A:	Gracias.
A:	Perdone, ¿podría decirme dónde está . . . ?
B:	Sí, mire, continúe usted por esta misma calle hasta el próximo semáforo y allí gire a la izquierda. Ésa es la calle . . . Siga usted todo recto por esa calle hasta llegar a una pequeña plaza. Al otro lado de la plaza está . . .
A:	Muchas gracias.
B:	De nada.

ADDITIONAL PRACTICE

Estás de visita en un país de habla española y vas a una agencia de viajes para preguntar cómo puedes viajar a otras ciudades del país. Con un pequeño mapa* del país, por ejemplo de México, Argentina o Colombia, hablas con el agente de viajes a quien le pides la información que necesitas: medios de transporte para llegar hasta donde quieres ir, qué medio de transporte te recomienda, los horarios de salida y llegada, los precios. Desgraciadamente, para la reserva tendrás que ir a la estación de ferrocarriles/autobuses. Pregunta al agente cómo llegar hasta allí.

Palabras y frases útiles

Quisiera viajar a . . .

¿Podría decirme cómo puedo viajar a . . . /se va a . . . ?

¿Qué me recomienda?

¿Cuál es más rápido . . . ?

¿Cuál resulta más económico?

el horario de salida/llegada

¿A qué hora sale de . . . /llega a . . . ?

hacer una reserva

¿Dónde se puede/puedo hacer una reserva?

Quisiera reservar dos billetes/boletos para . . .

Para la reserva tiene que ir a . . .

Está en . . .

Tiene que tomar/coger (Spain) el autobús número . . . y bajarse en . . .

Camine tres manzanas (Spain)/cuadras (Latin America) hasta el final de la calle.

La estación de ferrocarriles/de autobuses está . . .

* You may want to provide students with small maps of Spanish-speaking countries. Students playing the role of the travel agent might find it useful to have photocopies of the relevant pages of a guidebook with information on travel within that country.

7. En contacto

DIÁLOGOS

1. En la oficina de correos

As you present the dialogue, explain to students that the word *sello* is commonly used in Spain. Most Latin American countries use the word *estampilla*. The word *rellenar,* used here, may not be understood in some Latin American countries, where, in this context, you are more likely to hear *llenar. La vuelta* (money returned) becomes *el vuelto* in Spanish-speaking Latin America, while *el impreso* is normally known in Latin America as *el formulario: llenar un formulario* (to fill out a form).

The following simple questions may help to check comprehension:

- ¿Cuánto cuesta enviar una carta a Inglaterra desde España?
- ¿Cuánto cuesta enviar una postal?
- ¿Cuántos sellos para cartas pide Mark? ¿Cuántos sellos para postales pide?
- ¿Qué contiene el paquete que quiere enviar?
- ¿Qué le pide la empleada que haga?
- ¿Qué le pide Mark a la empleada?
- ¿Cuánto paga Mark en total?
- ¿Cuánto tardará en llegar el paquete a Londres?

2. Usar el teléfono público

Explain that *el prefijo* here means "area code." In some other Spanish-speaking countries students may hear *el código.*

To check understanding you may ask some students to repeat the instructions given to James by his friend Javier. This may be done using the third person singular, and introducing the verbs *hay que* and *debe.*

> Primero tiene que levantar el auricular y marcar el 07 que es el prefijo internacional. Hay que esperar el tono de marcar y en seguida marcar el 44, que es el prefijo correspondiente a Inglaterra, y después el 81 o 71, que corresponde a Londres. Finalmente debe marcar el número de la persona con quien quiere hablar.

To give students practice, ask them to adapt the dialogue, giving instructions to an imaginary Spanish speaker on how to phone directly to different parts of the country.

3. Traigo un recado

Call students' attention to certain key phrases, for example:

- quiero la extensión . . .
- está comunicando

- no cuelgue
- ¿de parte de quién?
- tengo un recado
- le pongo con . . .

Ask students to work with partners or in small groups and pretend that they're phoning other members of the class at a certain telephone and extension number. Conversations might go along these lines:

A: ¿Sí?

B: Quiero la extensión 765, por favor.

A: Sí, un momentito, por favor. No cuelgue.

C: Sí, ¿diga?

B: Buenas tardes. Quisiera hablar con . . . , por favor.

C: Lo siento, pero . . . no está. Ha ido al banco, pero vuelve dentro de media hora. ¿Quiere usted dejarle algún recado?

B: Sí, por favor dígale que lo/la ha llamado . . . , que lo/la llamaré más tarde.

C: Perfectamente, se lo diré en cuanto llegue.

B: Muchas gracias.

C: De nada.

Alternatively, students may be put through to the person they want to speak to and then hold a brief conversation.

Y AHORA TÚ

1. You may want to play one of the roles first, before asking students to work on their own. Here's a possible dialogue.

A: Buenos días. ¿Puede decirme cuánto cuesta mandar una carta a los Estados Unidos/Inglaterra/Alemania?

B: ¿Por avión?

A: Sí, por avión.

B: . . . pesos.

A: ¿Y una postal?

B: ¿También a Estados Unidos/Inglaterra/Alemania?

A: Sí, también.

B: Para las postales necesita . . . pesos.

A: Entonces, deme . . . estampillas de . . . pesos y . . . de . . .

B: Aquí tiene usted. ¿Algo más?

A: Sí, quiero enviar una carta certificada.

B: Para cartas certificadas tiene que ir a la ventanilla 3, al fondo.

A: ¿Cuánto le debo?

B: Son . . . pesos.

A: Aquí está. Gracias.
     (En la ventanilla 3)

A: Quisiera enviar una carta certificada.

C: Primero tiene que llenar este formulario con su nombre y dirección y el del destinatario.

A: ¿Y cuántos días tardará/demorará en llegar a Nueva York/Londres/Frankfurt?

C: Quiere enviarla por avión, ¿verdad?

A: Sí, por avión.

C: Tardará/demorará unos cinco o seis días.

2. and **3.** Remind the students of the vocabulary they learned in dialogues 2 and 3 before they engage in this role-playing exercise.

You may want to introduce or review more words and phrases related to the subject, for example:

la telefonista (telephone operator)

la operadora (operator)

la ficha de teléfono (token), [used in many Latin American countries]

la cabina o el locutorio de teléfonos (telephone booth)

el abonado de teléfonos (telephone customer)

la llamada telefónica (telephone call)

la conferencia interurbana (long-distance call)

la conferencia urbana (local call)

la conferencia con cobro revertido (collect telephone call/reverse-charge call)

informaciones (directory assistance)

la señal para marcar (dial tone)

descolgar el teléfono (to pick up the telephone)

¡Hable! (literally, "speak"; used by the operator or one receiving a call to acknowledge connection)

¡Al habla! (speaking)

¿Con quién hablo? (who's speaking?)

no se retire (hold on)

la guía de teléfonos (telephone directory/book)

4. Before the class takes the test and discusses its result, you may want to go through each of the questions, asking students for brief definitions or synonyms of certain words. This will help to ensure accurate responses. Examples follow:

- ¿Qué significa **amplificar** en "el micrófono amplifica los defectos"?
- ¿Qué se entiende por "**los detalles** que llegan acentuados al interlocutor"?
- ¿Qué se entiende por **un estilo telegráfico** en "llegas a ser excesivamente breve, adoptando un estilo telegráfico"?
- ¿Qué quiere decir "dar el curriculum de la persona a la que te estás refiriendo"?
- ¿Qué significa "pasar el rato"?
- ¿Qué otra palabra se podría usar en lugar de **entorpecer** en "para no entorpecer tu trabajo"?
- ¿Qué sentido tiene la palabra **atruenan** en "la radio, la televisión o el tocadiscos atruenan la habitación".
- Explica lo que significa "una pregunta mordaz", "una pregunta embarazosa".
- Explica el sentido de **al azar** en "¿telefoneas a cualquier número al azar?"
- Explica el sentido de **hacerse pasar por** en "haciéndote pasar por la policía".
- Explica el sentido de **permanecer mudo** en "eres de los que pierden la voz y permanecen mudos".

Once students are familiar with the vocabulary, you may ask them to work alone and answer the questions. Later you might want to lead a class discussion based on the test results.

ADDITIONAL PRACTICE

Estás de visita en un país de habla española y te queda muy poco dinero. Decides llamar por teléfono a tu familia para que te envíen más dinero. Para no gastar, llamas con cobro revertido. Llama a la operadora y pide que te comunique. La operadora querrá saber el número desde donde llamas, tu nombre y el número y nombre de la persona con quien deseas hablar. Dale la información solicitada. Una vez hecho, la operadora te pedirá que esperes y te pondrá con la persona con quien quieres hablar.

Palabras y frases útiles

quiero una conferencia a (San Francisco/Londres/Hamburg)

con cobro revertido

¿cuál es el número del abonado?

¿el nombre de la persona con quien desea hablar?

no se retire/no cuelgue

8. Encuentros

DIÁLOGOS

1. Una llamada

As you present the dialogue, pick out some key phrases which students might later be able to use when making up their own conversations:

¡Qué sorpresa!

con muchos deseos de verte (*from* tener deseos de . . .)

me encantaría verte

nos quedaremos en . . .

estaremos allí a eso de las (hora)

¡Qué tengas un buen viaje!

After presentation, you may ask students to get together in pairs and adapt parts of the dialogue. The new conversations may then be presented to the rest of the class. Encourage students not to use the written text at this stage.

2. ¿Sabes quién ha llamado?

During the second stage of presentation of the dialogue, and as students study the text, you may want to point out the use of the subjunctive in certain sentences:

Imperfect subjunctive:

Dijo que me llamaría cuando **llegara.**

Present subjunctive:

Yo te avisaré para que **salgamos** juntos.
Me ha llegado la nueva computadora y quiero que la **veas.**

Review if necessary the use of the subjunctive in these constructions, giving further examples if necessary:

Dijo que me escribiría cuando **regresara** a su país.

Le dije que pasaría por su hotel cuando **terminara** mi trabajo.

Te llamaré para que **charlemos** un rato.

Ven a ver mi nueva computadora para que me **expliques** cómo funciona.

Quiero que me **escribas** cuando **llegues.**

Quiere que **salgamos** juntos.

3. La llegada

After presentation of the dialogue, you may want to give alternatives to some of the key sentences, so that students can later use them in making up their own conversations:

Suggesting a meeting:

¿Qué tal si nos vemos esta noche?

¿Qué te parece si nos vemos esta noche?

Podríamos vernos esta misma noche, ¿qué te parece?

¿Te gustaría que nos viéramos esta noche?

¿Estás libre esta noche para que nos veamos?

Si no tienes nada que hacer, ¿por qué no nos vemos esta noche?

Suggesting something to do:

Podríamos salir a bailar.

Podemos ir a pasear.

¿Qué tal si vamos a patinar?

¿Te gustaría que fuéramos a cenar?

¿Por qué no vamos a tomar una copa?

Call the students' attention to the use of the present perfect tense in these sentences.

¿A qué hora has llegado?

He descansado un rato.

He tenido que levantarme muy temprano.

Remind students that in this context, the use of the present perfect tense overlaps with that of the preterite or simple past. In Spain, however, the present perfect tense tends to be the tense of choice when referring to the recent past, as we are here.

Y AHORA TÚ

1. A model dialogue between you and one of the students will help to introduce new words and expressions the class may need when they work on their own. Here's a possible version:

A: ¿Diga?

B: Quisiera hablar con Carmen, por favor.

A: Sí, un momento.

C: ¿Sí?

B: ¿Carmen?

C: Sí, ¿quién habla?

B: Soy . . .

C: . . . ¡Qué sorpresa! ¿Cómo estás?

B: Muy bien, ¿y tú?

C: Bien, bien, pero dime, ¿estás aquí en . . . ?

B: No, no, te llamo de casa, pero muy pronto estaré por allí. He decidido aceptar tu invitación. Muchas gracias.

C: Me alegro mucho. ¿Cuándo vienes?

B: Llegaré allí el día 6 de agosto a las 14.30.

C: ¿El 6 de agosto has dicho?

B: Sí, el 6, a las 14.30.

C: Pues, iré a buscarte al aeropuerto. ¿En qué vuelo vienes?

B: El número de vuelo es el 576 de VIASA.

C: Espera que tomo nota. ¿476 has dicho?

B: No, el 576 de VIASA.

C: Estupendo. Espero que te quedes aquí todo el verano.

B: Me encantaría, pero sólo podré quedarme tres semanas. Pero será tiempo suficiente para pasear y conversar mucho. Tengo muchas ganas de verte.

C: Yo también. ¡Qué bueno que vengas! Al fin podremos conocernos personalmente.

B: Bueno, Carmen, tendré que cortar. Nos veremos el día 6.

C: Sí, estaré en el aeropuerto esperándote.

B: Muchas gracias. Adiós.

C: Hasta pronto.

2. Again, a model dialogue between you and one of the students may help to introduce new vocabulary and expressions before the students work on their own.

A: Hola, tú debes de ser Jorge.

B: Sí, soy yo. Y tú eres Carmen.

A: Pues, sí. Te reconocí por la foto.

B: Yo también. Bienvenido a . . . Me alegro mucho de verte.

A: Gracias. Yo también estoy muy contento de conocerte. Perdona que te haya hecho esperar tanto, pero es que el avión se retrasó debido a un desperfecto técnico. Salimos con media hora de retraso.

B: No te preocupes, no es nada. Valía la pena esperar. Deja que te ayude a llevar el equipaje. Por aquí. He venido en el coche de mi padre. Iremos directamente a casa. Está a una hora de aquí más o menos. Podrás conocer a mis padres y a mis hermanos. Han preguntado mucho por ti.

A: ¡Qué bueno! Tengo muchos deseos de conocerlos. A propósito, mis padres te envían muchos recuerdos. Te conocen por las fotos que me has enviado. Me han dicho que te invite a casa. Les encantaría que fueras.

B: Muchas gracias. Me gustaría mucho visitarte algún día. Mira, allí está el coche . . .

3. Before asking students to work on their own, you may ask the class to suggest possible sentences for each of the parts. Here are some examples:

A: Estoy aquí de vacaciones/He venido aquí de vacaciones/He venido a pasar el verano/Estoy veraneando en . . . /Estoy pasando el verano en . . .

Me quedaré tres semanas/Pasaré aquí tres semanas/ Voy a estar aquí tres semanas/Estaré en . . . tres semanas/He venido por tres semanas . . .

B: Por supuesto que me gustaría mucho verte/Me encantaría verte/Tenemos que vernos/¿Qué tal si nos vemos . . . ?/¿Qué te parece si nos vemos . . . ?/ Podríamos vernos/encontrarnos . . .

4. As in exercise 3 above, alternative sentences for each of the parts will provide students with a wider range of vocabulary and expressions to incorporate into their conversations. Here are some examples:

A: Podríamos salir de paseo/podemos ir a nadar/¿te gustaría que fuéramos a patinar?/podremos visitar los museos/podrás conocer . . . /Si te interesa, podemos hacer una excursión a . . .

B: Me gustaría conocer . . . /Me interesa ver los sitios de interés de la ciudad/Me interesa mucho (la música, el baile, el cine, el teatro, la ópera, el ballet, el fútbol, el tenis). Lo que más me gustaría sería . . . /quiero ver . . . /tengo muchas ganas de conocer . . .

5. Certain words and phrases in the text may need an explanation before students can make coherent choices.

les cuesta conversar = les es difícil conversar

desconfían de = no confían en

tu compañero de asiento = la persona que está sentada a tu lado

te dialoga = te habla

te disculpas = te excusas

finges no verle = haces como si no le vieras

tratando de hacer memoria = tratando de recordar

datos = informaciones

solicitando la mayor información = pidiendo toda la información posible

un almuerzo dominical = un almuerzo de domingo

a los demás = a las demás personas

incesante = incansable

no sabes cómo debes comportarte = no sabes qué conducta adoptar

te incomoda = no te sientes cómodo

rehúyes las reuniones sociales = evitas las reuniones sociales

The following words and phrases may help students to discuss the results of the individual tests:

(No) estoy de acuerdo . . .

La clasificación del test no se ajusta a mi manera/modo de ser.

Soy tal cual lo indica el resultado del test.

No soy así. Soy muy/poco sociable/introvertido(a)/extrovertido(a)/amistoso(a)/ cauteloso(a)/abierto(a)/reservado(a)/hospitalario(a)/solitario(a)/tímido(a).

Me resulta fácil/difícil hacer amigos.

Me gusta/no me gusta conocer gente.

Siento temor de acercarme a las personas.

No sé qué decir.

Tiendo a quedarme callado(a).

No participo en las conversaciones.

Dejo que tomen la iniciativa los demás.

Me encanta ser el centro de atención.

Tiendo a dominar la conversación.

Me gusta dialogar/escuchar.

Me siento cómodo(a)/incómodo(a) frente a los desconocidos/extraños.

6. Have the students use the test in Exercise 5 as a model. You may want to check their tests before they ask people to take the tests.

ADDITIONAL PRACTICE

En la calle, un día cualquiera, te encuentras con un conocido de habla española a quien no veías desde hacía mucho tiempo. Ambos expresan sorpresa ante el encuentro y hacen las preguntas de rigor: ¿cómo estás?, ¿qué haces por aquí?, ¿a qué te dedicas/en qué trabajas?/¿qué has hecho todos estos años?/¿te has casado?

No tienes tiempo suficiente para una larga conversación, por lo tanto decides invitar a tu amigo a tu casa. Él acepta encantado ya que también tiene mucho que contarte. Sugiere un día y hora e indícale exactamente cómo llegar hasta tu casa. Tu amigo vive en el extremo opuesto de la ciudad.

Frases y palabras útiles

¡qué grata sorpresa!

¡qué gusto de verte!

¡tanto tiempo sin verte!

¡me alegro mucho de verte!

¿qué cuentas?

¿qué cuentas de nuevo?

¿a qué te dedicas?/¿en qué trabajas?

¿sigues trabajando/estudiando en . . . ?

¿qué has hecho todo este tiempo/todos estos años?

¿te has casado?/¿te casaste?

me encantaría verte de nuevo/otra vez

¿qué tal si nos vemos de nuevo/otra vez?

podrías venir a mi casa

¿por qué no vienes a mi casa?

te daré me dirección/aquí tienes mi dirección

tienes que tomar (el autobús . . . , la línea . . . del metro) y bajarte en . . . Desde allí . . .

9. Presentaciones

DIÁLOGOS

1. Entrevista con Antonio

Present the dialogue as suggested in the Introduction. You may ask simple comprehension questions to check understanding:

- ¿Qué edad tiene Antonio?
- ¿A qué se dedica?
- ¿Con quién vive?
- ¿Por qué no puede independizarse?
- ¿Qué dice Antonio con respecto a la situación económica de su madre?

During the second stage of presentation, and while students work with their books open, review and practice certain key words and phrases:

¿A qué te dedicas? (dedicarse a . . .), trabajo de . . . (trabajar de . . .), ¿no te gustaría independizarte? (independizarse), ni siquiera me lo he planteado (plantearse algo o una cosa), no tengo suficiente dinero como para . . . , (mi madre) sólo dispone de . . . (disponer de), dentro de (un par de años).

Explain and practice introductory words and phrases such as:

pues . . . , la verdad es que . . . , por lo demás . . .

2. Entrevista con Ana

During the first stage of presentation of the dialogue, and to check comprehension, you might want to give students a handout with missing information, asking them to fill it in as they listen to the conversation:

M. CRISTINA: Hola, ¿qué tal? ¿Cómo te llamas?
ANA: Me llamo Ana Romero.
M. CRISTINA: ¿Qué _____ , Ana?
ANA: Veinte años. _____
M. CRISTINA: ¿Y qué haces? ¿Estudias o trabajas?
ANA: Estudio. _____ Económicas en la Universidad de Madrid.
M. CRISTINA: ¿Vives con tus padres?
ANA: Pues no, mi familia vive en Burgos. _____ unas amigas de la universidad. Somos cuatro, pero el piso es bastante grande y _____
M. CRISTINA: ¿No _____ tu casa, tu familia?
ANA: _____ sí, _____ mucho, pero ya me he acostumbrado y ahora _____ . De vez en cuando voy a Burgos para _____
M. CRISTINA: ¿Y qué tal _____ en la universidad?
ANA: Pues, nada mal. _____ que me gusta mucho y que tiene mucho futuro. Creo que _____ mis estudios no me será difícil encontrar trabajo.

3. Entrevista con Roberto

To check understanding and give the class a chance for further oral practice, you may ask them to prepare an oral summary of the information they have heard, for example:

Roberto Días Plaza dice que va a cumplir dieciséis años en octubre. Él es mexicano, de Guadalajara, pero está en España porque su padre es periodista y fue enviado allí como corresponsal de un periódico. Llevan tres años en Madrid.

Roberto aún no sabe cuándo volverán a México, pero es posible que se queden otros dos años, hasta que él termine sus estudios de bachillerato en el instituto donde está actualmente.

En el instituto le va muy bien hasta ahora. Tiene buenas notas, especialmente en idiomas y en historia. Cuando vuelva a México, piensa ir a la universidad. Le gustaría estudiar Derecho.

4. Entrevista con Gloria

The following questions may help to check comprehension:

- ¿Dónde nació Gloria?
- ¿Cuánto tiempo hace que vive en Madrid?
- ¿Cuántos años le faltan para terminar el bachillerato?
- ¿Qué edad tiene su padre? ¿Y su madre?
- ¿Cuántos hermanos tiene?
- ¿Cómo se lleva con sus hermanos?
- ¿Qué edad tiene el novio de Gloria?
- ¿Cuándo se conocieron?
- ¿Qué estudia Javier?
- ¿En qué trabaja el padre de Gloria?
- ¿En qué trabaja la madre?
- ¿Qué le gustaría hacer a Gloria después de terminar el bachillerato?

Pick out certain phrases which may need explanation and/or practice:

me faltan (tres años para terminar) (faltar), si no me equivoco (equivocarse), ¿y cómo te llevas con (tus hermanos)? (llevarse bien/mal con alguien), nos entendemos muy bien (entenderse bien), una vez que . . . (use of subjunctive).

Y AHORA TÚ

1. Before asking students to work together in pairs, you may ask them to give different alternatives for some of the questions and answers in the exercise, for example:

Finding out what work someone does:

¿En qué trabaja usted/trabajas?

¿A qué se dedica usted/te dedicas?

¿Qué hace usted/qué haces?
¿Cuál es su/tu profesión?

Saying what you do for a living:

Trabajo en (lugar).
Trabajo como (ocupación o profesión).
Soy (ocupación o profesión).
Me dedico a (actividad).

Asking someone how he/she gets along with someone else:
¿Qué tal te llevas con . . . ?
¿Cómo te llevas con . . . ?
¿Te llevas bien con . . . ?
¿Te entiendes bien con . . . ?
¿Qué tal las relaciones con . . . ?

Saying how you get along with someone:

Nos llevamos (muy) bien/mal.
Nos entendemos (muy) bien.
Tenemos (muy) buenas relaciones.

Asking someone about his/her plans for the future:

¿Qué planes tienes (para el futuro)?
¿Qué piensas hacer . . . ?
¿Qué vas a hacer . . . ?
¿A qué te dedicarás?
¿Cuáles son tus planes . . . ?

Saying what you plan to do:
Espero dedicarme a . . .
Pienso (estudiar/trabajar) . . .
Voy a (estudiar/trabajar) . . .
Mi idea/intención es dedicarme a . . .
Me gustaría (estudiar/trabajar) . . .

2. and **3.** Before students prepare their interviews, you may want to list, with the students' help, some key words and phrases they may need:

Según (Gloria/Paul) . . .

En primer lugar . . . /en segundo lugar . . .

Por una parte . . . /por otra (parte) . . .

Por un lado . . . /por otro (lado) . . .

También . . . /además . . .

Sin embargo . . .

Aunque . . .

A pesar de que . . . /pese a que . . .

En cuanto a . . . /en lo que respecta a . . . /en lo que se refiere a . . . /con relación a . . .

Ya que . . . /puesto que . . . /dado que . . . /debido a . . . /a causa de . . . /por . . .

Con el fin de . . . /con el propósito de . . . /para . . .

4. Pick out some key words and phrases in the text and have students explain their meaning or give possible alternatives:

. . . hecho insólito (hecho infrecuente, desusado)

no suelen quedarse (no acostumbran a permanecer)

puede provocar (puede causar)

cuando . . . cumple los 18 años (al cumplir . . . /al llegar a la edad de . . .)

inicia sus estudios universitarios (ingresa en la universidad)

emigran de sus casas (se van de sus casas/dejan sus casas/se marchan de sus casas/ abandonan sus casas)

si acaso regresan (si vuelven, de volver . . .)

se ha truncado (se ha interrumpido)

comparte techo con . . . (vive con . . . /vive en casa de . . .)

desde luego (por supuesto, naturalmente)

en la casa que le vio nacer (en la casa donde nació)

impide desarrollar tu personalidad (no te permite desarrollar . . .)

pasados los 20 (más allá de los 20)

. . . que apuntan (. . . que señalan)

. . . que padecen esta situación (. . . que sufren esta situación/ . . . que se ven afectados por esta situación)

arreglárselas solos (hacer las cosas solos y sin ayuda)

Comprehension may be checked by asking questions like these:

* ¿Qué diferencia hay, según el texto, entre los jóvenes españoles y los otros europeos y americanos en lo que a independencia de la familia se refiere?
* ¿Qué efectos puede provocar en los jóvenes la permanencia prolongada en casa de los padres?
* Según el texto, ¿a qué edad abandonan el hogar los jóvenes americanos?
* ¿Qué piensa Alfonso de Hohenlohe sobre el hecho de vivir con los padres?
* ¿Qué dice Alfonso de Hohenlohe con respecto a la relación con su madre?
* Según Alfonso de Hohenlohe, ¿por qué es más cómodo vivir en familia?
* ¿Cómo se siente Alfonso Ibáñez viviendo con sus padres?
* Según la mayoría de los jóvenes, ¿cuáles son los principales inconvenientes de vivir con los padres?
* Según el artículo, ¿cuál es la principal responsable de esta situación (el que los jóvenes españoles tengan que vivir en casa de sus padres)?
* Algunos prefieren "el dulce confort de la casa". ¿Por qué?
* ¿Qué dice Patricia Kraus con respecto a su situación?

ADDITIONAL PRACTICE

Once the students have had time to discuss the opinions in the text "Vivir con mamá a los 30 . . . " with their classmates, encourage some of them to present orally to the rest of the class the prevailing views within their group.

You may also want to ask them to conduct a survey in English on this subject among their friends, and present the results in Spanish to the rest of the class. To present their reports, students may need phrases like these:

Al preguntárseles si . . .

Al consultárseles si . . .

Frente a la pregunta . . .

La mayoría/la mayor parte respondió . . .

La mayoría/la mayor parte estaba de acuerdo en que . . . /pensaba que . . . /opinaba que . . .

En lo que se refiere a . . . /respecta a . . . hubo total acuerdo/desacuerdo . . .

Todos/casi todos/más del 50% manifestó que . . . /declaró que . . . /señaló que . . . / expresó que . . .

Es sorprendente que . . .

Se puede concluir que . . .

Como conclusión podríamos afirmar que . . .

De la encuesta se concluye que . . .

10. Vida diaria

DIÁLOGOS

1. Vivir en la ciudad

To check comprehension ask questions such as:

* ¿A qué se dedica Isabel?
* ¿Desde cuándo trabaja en eso?
* ¿En qué trabajaba antes?
* ¿Por qué decidió dejar ese empleo?
* ¿Cuál es el horario de trabajo de Isabel?
* ¿Qué otra actividad tiene?
* ¿Está satisfecha con su situación? ¿Por qué?

Following this question-and-answer exercise, ask one or two students to make a brief oral summary of the information given by Isabel.

2. ¿Qué estudias?

You might like to give students a handout with missing information from the dialogue, which they could complete as they listen to it the second or third time:

Ana:	Hola, Cristóbal. ¿Qué tal?
Cristóbal:	Hola.
Ana:	Tú eres estudiante, ¿verdad?
Cristóbal:	Sí, _____ en la Universidad Central.
Ana:	¿Por qué _____?
Cristóbal:	Bueno, creo que _____ mi familia, especialmente mi padre. Él _____ .
Ana:	¿Te gusta la carrera, entonces?
Cristóbal:	La encuentro fascinante. Además, _____ me ha ayudado muchísimo.
Ana:	¿Cuál es tu horario habitual?
Cristóbal:	Las clases _____ y generalmente _____ . A veces vuelvo a casa a almorzar, pero _____ en la universidad con _____ . A veces tenemos clase también por la tarde, pero _____ .
Ana:	¿Y cuando vuelves a casa qué haces?

Cristóbal: A mí _____ , la música de todo tipo, y
la lectura, _____ para escuchar música
y leer.

Ana: ¿Qué tipo de lectura prefieres?

Cristóbal: Principalmente _____ . Entre los
_____ , prefiero a los latinoamericanos.
Los _____ . García Márquez es mi
favorito.

Ana: ¿Qué _____ ?

Cristóbal: _____ *Cien años de soledad.* Es un
libro fascinante.

3. Entrevista con Eugenio Morales, 35 años

To check comprehension and vocabulary, ask students to find in the dialogue the words and phrases that express these ideas:

* ¿A qué te dedicas, exactamente?
* estoy a cargo de . . .
* una compañía
* tomar (el) desayuno
* mi esposa
* los diferentes sitios
* a última hora
* a menos que
* no sucede casi nunca

You may want to ask simple questions about the dialogue or have one or two students make a brief oral summary of the information given by Eugenio Morales, for example:

Eugenio Morales tiene 35 años y trabaja en el ramo de la hostelería. Eugenio dirige una pequeña empresa dentro del área de la alimentación. Se encargan específicamente de la administración . . .

4. Entrevista con Juan Luzzi Montes de Oca, 24 años

As you present the dialogue, you may call the students' attention to the following words and phrases:

doy clases (dar clases) = enseño (enseñar)

me agrada (agradar, more formal and less frequent than gustar) = me gusta

no es un trabajo rutinario = no tengo una rutina de trabajo

es un poco agotador = es un trabajo pesado o duro, que agota o cansa

ensayamos = tenemos ensayos

una presentación (coral, teatral) = una actuación, una representación

un pésimo nadador = un nadador muy malo

The following questions will serve to check comprehension:

- ¿En qué trabaja Juan Luzzi?
- ¿Dónde trabaja?
- ¿Qué horario tiene?
- ¿Por qué le gusta su trabajo?
- ¿Qué otra actividad tiene?
- ¿Qué hace en su tiempo libre?
- ¿A qué se dedica los fines de semana?
- ¿Qué deporte prefiere?
- ¿Tiene algún hobby?

Y AHORA TÚ

1. Review, if necessary, the use of reflexive verbs, particularly in the first person singular and plural: *me levanto/nos levantamos, me acuesto/nos acostamos.* Remind students that in a construction with an infinitive, as in *después de* + infinitive, the reflective pronoun must be attached to the infinitive. Before students work on their own, practice reflexive verbs and pronouns with questions like these:

- ¿A qué hora te levantas normalmente?
- ¿Qué haces después de levantarte?
- ¿A qué hora te vas al colegio/a la universidad?
- ¿Qué haces antes de acostarte?
- ¿Te acuestas muy tarde?

Ask students also to name activities they do in their spare time, for example:

salir de compras/hacer la(s) compra(s)

ordenar/arreglar/limpiar/decorar la casa/el apartamento

practicar/hacer deportes

jugar al (tenis, fútbol)

escribir cartas

arreglar/reparar/limpiar el coche/la moto(cicleta)

cocinar/guisar

ir de picnic

2. As a preparation for this exercise, you might want to review the use of prepositions after certain verbs, for example:

Sale **de** casa a las 9.00.

Llega **a** la oficina a las 9.30.

Entra **al** trabajo a las 9.30. Entra **en** el despacho/la oficina.

Also go over the use of the personal *a:*

Llama **a** su secretaria.

Recibe **a** los clientes.

Visita **a** los clientes.

3. You may ask the class or a small group to interview you before interviewing people outside the school. The information that you give may be used by the class to prepare a preliminary report on teaching. This will serve as an example for reports on other professions.

Students may be interested in professions other than those mentioned in the exercise, for example an architect, a film director/producer, an actor/actress, a fashion designer. Here are some general phrases students might want to incorporate into their reports:

El trabajo de un/a (profesión) consiste principalmente en . . .

Entre sus actividades está (también/además) . . .

Un/a (profesión) se dedica principalmente a . . .

En primer lugar . . . , en segundo lugar . . .

Por una parte . . . , por otra (parte) . . .

Por un lado . . . , por otro (lado) . . .

Es un trabajo que require mucho/a (paciencia, dedicación, espíritu de sacrificio, preparación, concentración, disciplina, imaginación, valor, esfuerzo)

4. You might want to let students interview you before they interview others. Encourage them to go beyond the questionnaire, asking questions such as these:

* ¿Por qué eligió esta profesión?
* ¿Qué es lo que más/menos le gusta de su trabajo? ¿Por qué?
* Si no hubiese elegido esta profesión, ¿qué carrera hubiera estudiado? ¿Por qué?
* ¿Qué ventajas/desventajas tiene esta profesión?
* ¿Considera usted que su profesión está bien remunerada?
* ¿Aconsejaría usted a alguien que siguiese su misma carrera? ¿Por qué?

ADDITIONAL PRACTICE

Imagina que te dedicas a una actividad fuera del ámbito profesional, por ejemplo, eres ama de casa, obrero en una fábrica, funcionario, administrativo en una empresa, basurero, conductor de camión (autobús/taxi), jardinero, camarero/a en un hotel (restaurant/bar). Prepara una charla en español para la clase indicando lo que haces diariamente, por ejemplo, lo que te gusta o no te gusta de tu trabajo, los problemas que tienes que enfrentar, el ambiente de trabajo y las relaciones con tus compañeros, tu jefe y tus relaciones con él, tu salario, tus vacaciones, tus expectativas dentro o fuera de la actividad que realizas. Utiliza algunas de las palabras y frases dadas en los ejercicios anteriores y emplea otras que consideres necesarias o que se relacionen específicamente con la actividad que has elegido. Por ejemplo:

Soy ama de casa. Tengo que trabajar desde la mañana hasta la noche. Me levanto a las 7.00 de la mañana para darles el desayuno a mi marido y a mis hijos. Una vez que ellos se han marchado—mi marido a su trabajo y mis hijos a la escuela— empiezo a organizar las actividades del día. Primero hago las habitaciones, limpio y ordeno la casa. Despues me voy al supermercado a comprar lo que me falta para cocinar aquel día.

Lo que más me gusta de mi trabajo es que durante el día estoy totalmente sola y puedo organizar mi tiempo como yo quiero. No tengo un jefe ni tengo que cumplir un horario. Lo que detesto es tener que realizar las mismas actividades cada día. No soporto la rutina; además mi marido y mis hijos no reconocen debidamente el trabajo que yo hago. Es un trabajo duro y rutinario.

Me gustaría tener a una persona que me ayudara e hiciera mi trabajo menos monótono y más liviano.

11. Pidiendo y dando información

DIÁLOGOS

1. En la oficina de la encargada

As you present the dialogue, point out some words and phrases that have a direct relationship with the topic as well as grammatical constructions that may need further review:

Words and phrases related to the topic:

el dominio de un idioma

hacer un curso de español

una escuela de lenguas

español para extranjeros

cursos para principiantes/intermedios/avanzados

la duración de los cursos

los cursos regulares

el ingreso (en un curso)

el examen

el nivel

inscribirse en un curso

las clases de conversación, traducción, español comercial, literatura

el horario de clase

Grammatical constructions to review:

una estudiante **de habla inglesa**

quisiera que me diera información

como he venido a España

me interesaría hacer un curso . . .

los de veinte horas/los de veinticinco horas

lo que le convenga más

si necesita alguna información que no esté en el folleto . . .

2. Más preguntas a la encargada

As you present the dialogue, ask questions to check comprehension:

- ¿Qué desea saber Ian?
- ¿Dónde vive actualmente?
- ¿Por qué quiere cambiarse?
- ¿Qué tipos de alojamientos le sugiere la encargada?
- ¿Cuáles son los precios?
- ¿Qué incluyen los precios?
- ¿Qué tipo de alojamiento preferiría Ian?

Ask students to put themselves in Ian's situation and think of the type of accommodation they would prefer:

- ¿Preferirían vivir en un hotel (una pensión) / en una residencia universitaria / con una familia de habla española? ¿Por qué?
- ¿Qué ventajas/desventajas tendría vivir en uno u otro lugar?

3. Intercambio de información

The following questions will help to check comprehension:

- ¿Dónde ha estudiado español Gloria?
- ¿Qué idioma estudia José?
- ¿Qué hace José durante el año?
- ¿Qué le gustaría hacer a José una vez que obtenga la licenciatura?
- ¿Cuántos años le faltan para terminar sus estudios?
- ¿Qué le sugiere José a Gloria?
- ¿Dónde y a qué hora acuerdan encontrarse?

After presentation of the dialogue, select some phrases and expressions and have students practice them:

he aprovechado (mis vacaciones)

una vez que (obtenga . . .)

todavía falta (mucho tiempo)

por lo menos

a propósito

¿te interesaría . . . ?

¿qué tal si . . . ?

podemos quedar . . .

aquí mismo

vale

Y AHORA TÚ

1. Before students work in pairs, ask the class to provide different alternatives for requesting information, for example:

Deseo información sobre/acerca de . . .

Quisiera información . . .

Quisiera que me diera/diese información . . .

¿Puede informarme acerca de . . . ?

¿Podría darme información . . . ?

¿Sería tan amable de darme información . . . ?

¿Tendría la amabilidad de darme información . . . ?

Quisiera saber . . .

Ask them also to provide alternative questions and answers for some of the exchanges, for example:

> A: ¿Cuál es el horario de clase?
>   ¿A qué hora son las clases?
>   ¿A qué hora empiezan/terminan las clases?
> B: El horario de clase es de (lunes a viernes, de 9.00 a 1.00)
>   Las clases son de . . . (días y horas)
>   Las clases empiezan/terminan (horas)
>   Hay clases de . . . (días y horas)
> A: ¿Qué hay que hacer para inscribirse/matricularse/ reservar una plaza?
> B: Tiene que rellenar/llenar una solicitud de matrícula.
>   Tiene que completar este formulario con información personal/con sus datos personales.
>   Tendrá que abonar un anticipo de 8.000 pesetas.

2. You may want to provide students with some of the vocabulary they will need for the role they have chosen, for example:

Estudio . . . en . . .

Estoy haciendo un curso de . . . en . . .

Tengo clases de (lunes a viernes), de (9.00 a 1.00).

Las clases empiezan a las (hora) y terminan a las (hora).

El horario de clase es de (9.00 a 1.00).

Cuando termine obtendré el diploma de . . . /el título de . . .

el grado de bachiller

la licenciatura

Una vez que termine podré trabajar en . . . /como . . . , ingresar en la universidad, seguir estudios universitarios . . .

El año escolar/académico empieza en . . . y termina en . . .

Tengo . . . semanas/meses de vacaciones al año.

La matrícula cuesta . . .

Tengo una beca, estoy becado.

Los estudios me los pagan mis padres.

3. Before students are asked to provide information about a Spanish-speaking country, you may want to present an example:

Argentina se halla en la costa este de la América del Sur. Con una superficie de 2,776,889 kilómetros cuadrados, es el país más grande del mundo hispano. Su población es de unos 28 millones de habitantes, lo que la sitúa en el tercer lugar dentro de los países de habla española. Su capital es Buenos Aires, que cuenta con unos 12 millones de habitantes.

Argentina tiene un gobierno civil. El poder ejecutivo es ejercido por el presidente de la república, cargo que en la actualidad ocupa . . . El poder legislativo es ejercido por el Congreso, que está compuesto por dos cámaras, el Senado y la Cámara de Diputados. Argentina es un país agrícola por excelencia, aunque también cuenta con una industria de desarrollo medio y con recursos minerales. Los principales productos de exportación son el trigo, el maíz, la carne, los cueros y las pieles.

You may need to provide students with a bibliography in English or/and Spanish where they can find the information that they require.

ADDITIONAL PRACTICE

Imagina que estás de visita en un país de habla española y te invitan a una institución educacional—escuela, instituto o universidad—a dar una breve charla sobre la educación en tu país. Prepárala y preséntasela a la clase o a un grupo de tus compañeros, incluyendo en ella la siguiente información:

* Distintos ciclos que comprende la educación.
* Edad a la que normalmente se ingresa en cada ciclo.
* Duración de cada ciclo.
* Certificados o diplomas que se obtienen en cada ciclo.
* Escolaridad obligatoria (hasta qué edad).
* Diferentes tipos de establecimientos educacionales, por ejemplo públicos, privados, semi-privados.
* Valor de los estudios en cada nivel, en términos generales.
* Ayuda que pueden recibir los estudiantes para pagar sus estudios.
* En términos generales, nivel de estudios mínimos para optar a un trabajo no profesional, por ejemplo empleado de banco, secretaria no calificada, dependiente de tienda.
* Otros aspectos que se consideren de importancia.

Palabras y frases útiles

la enseñanza/educación primaria, secundaria, universitaria

los estudios primarios/secundarios/universitarios

la enseñanza obligatoria

la gratuidad de la enseñanza/La enseñanza es gratuita.

el bachillerato

el grado de bachiller

El título universitario/la licenciatura (en artes, ciencias)

Los colegios estatales/privados/semi-privados/religiosos

La matricula cuesta...

La calificación mínima es...

Los requisitos mínimos son...

Para trabajar en... se exige como mínimo...

La mayoría de los empleadores exige como mínimo...

12. Un lugar donde trabajar

DIÁLOGOS

1. Solicitando un puesto de trabajo

After presentation of the dialogue, you may want to go over some of the features of indirect speech, particularly changes of tenses. The two examples from the text may serve as a starting point, with students providing sentences to illustrate this point:

Direct speech:

Necesito un dependiente.

Indirect speech:

Una amiga mía me dijo que usted necesitaba un dependiente.

Direct speech:

Búsqueme a alguien.

Indirect speech:

Le pedí que me buscara a alguien.

Students should be able to work with a range of tenses, going from direct into indirect speech, and vice versa.

Change into indirect speech:

• Necesito una persona joven.—La propietaria de la librería dijo que...

• Le pagaré un buen sueldo.—Prometió que...

• Lo llamaré por teléfono.—Dijo que...

• Déjeme su dirección.—Me pidió que...

- Vuelva usted el día 15.—Me sugirió que . . .
- Conseguí un buen trabajo.—Ricardo me contó que . . .
- He hablado con la propietaria.—Ricardo me dijo que . . .

Change into direct speech:

- El me dijo que no tenía tiempo de venir.
- Ricardo dijo que vendría pronto.
- Ella me prometió que me llamaría.
- Alfonso me pidió que lo llamara.
- Mi jefe me ordenó que fuera a su despacho.
- La secretaria me dijo que el jefe había salido.
- Ana dijo que sentía mucho no haber podido venir.

2. Una secretaria bilingüe

During presentation of the dialogue check comprehension by asking the following questions:

- ¿Dónde hizo Ángeles sus estudios de secretariado bilingüe?
- ¿Qué hizo después de terminar sus estudios?
- ¿Cuánto tiempo hace que estudia inglés?
- ¿Por qué necesitan en la empresa a una persona que sepa inglés?
- ¿Qué tipo de prueba tendrá que hacer Ángeles antes de la selección final?
- ¿Dónde trabaja Ángeles actualmente?
- ¿Qué le sugiere Ángeles al jefe de personal?

You may want to go beyond the questions and answers and ask one or two students to summarize the text briefly in Spanish, for example:

Ángeles Rojas es secretaria bilingüe y ha solicitado un puesto en una empresa de Monterrey. Ángeles asiste a una entrevista con el jefe de personal de la empresa, quien le pide información sobre su carrera profesional. En primer lugar, le pregunta . . . .

3. Traductor e intérprete

During the second stage of presentation of the dialogue point out some phrases that have a direct relationship with the subject and others that are of high frequency and could be used in other contexts:

el historial de trabajo

la experiencia laboral

me especialicé en (traducción)

una empresa dedicada a . . .

el comercio exterior

la traducción técnica comercial/legal/técnica

de todas maneras

en cambio

en todo caso

de manera (regular)

no es mi fuerte

Direct the students' attention to the contrast between the preterite and the present perfect tense in the text and explain again their use if necessary:

> . . . después de terminar mis estudios secundarios **ingresé** en el instituto . . . Allí me **especialicé** . . . El francés, en cambio, lo **aprendí** en el colegio . . . .
>
> . . . **he tenido** más experiencia en traducción . . . Con el francés mi experiencia **ha sido** más limitada, pero en todo caso sí la **he tenido.**

Y AHORA TÚ

1. Before students work on their own, ask the class to provide alternative questions and answers for each of the two roles, for example:

> A: He visto el anuncio en que piden un/a asistente . . .
> Vengo por el anuncio . . .
> Estoy interesado/a en el puesto/trabajo que . . .
> B: ¿Dónde ha trabajado usted antes?
> ¿Qué experiencia (laboral) ha tenido usted?
> ¿Qué trabajo(s) ha realizado usted antes?
> A: ¿Cuál es el sueldo semanal/mensual?
> ¿Cuánto pagan ustedes semanalmente/mensualmente?
> ¿Cuál es la remuneración neta/bruta?
> B: El sueldo es de . . . . semanales/mensuales.
> Pagamos . . . a la semana/al mes.
> El sueldo neto/bruto es de . . . . por semana/por mes.
> Usted recibirá . . . . a la semana/al mes.
> Podemos ofrecerle . . . por semana/por mes.

2. Ask the class to provide alternative sentences for each of the two roles involved, for example:

Talking about your work experience:

Trabajé/he trabajado en . . . como . . .

Ocupé/he ocupado el cargo/el puesto de . . .

Me desempeñé/me he desempeñado como . . . en . . .

Fui/he sido (cargo) en (lugar) . . .

Talking about your education:

Estudié/he estudiado . . . en . . .

Realicé/he realizado estudios de . . . en . . .

Hice/he hecho estudios de . . . en . . .

Hice/he hecho un curso de . . . /la carrera de . . .

Me gradué en (especialización) en (fecha) . . .

Obtuve la licenciatura en (especialización) en (fecha) . . .

Finding out why the person being interviewed has left his/her previous job:

¿Por qué dejó/ha dejado ese trabajo?

¿Qué lo/la llevó/ha llevado a dejar ese trabajo?

¿Por qué razón dejó/ha dejado ese puesto?

3. Before asking students to prepare their talks, ask them leading questions about their work experience, for example:

- ¿Has trabajado alguna vez?
- ¿Has realizado algún trabajo pagado alguna vez en tu vida?
- ¿Qué trabajo has hecho?
- ¿Dónde has trabajado?
- ¿Cuánto tiempo trabajaste allí?
- ¿Qué hacías?
- ¿En qué consistía tu trabajo?
- ¿Qué cargo ocupabas?
- ¿Te gustó tu trabajo?
- ¿Qué aspectos del trabajo te gustaron más/menos?
- ¿Recomendarías este tipo de trabajo a otra persona? ¿Por qué?
- ¿Volverías a desempeñar el mismo puesto? ¿Por qué?

4. The following questions will serve to check comprehension of the text:

- ¿Qué trabajo le gustaría hacer a María Luisa?
- ¿Por qué le gustaría realizar ese trabajo?
- ¿Con qué tipo de gente le gustaría trabajar especialmente? ¿Por qué?

- Según ella, ¿cuál sería una de las ventajas de esa actividad?
- ¿Qué desventaja menciona?
- ¿Qué ha hecho María Luisa para obtener más información sobre la carrera?

5. Prepare the ground for this exercise with a few leading questions, for example:

- ¿Qué calificaciones se requieren para trabajar como guía de turismo?

Se requiere haber hecho estudios de turismo en alguna institución de enseñanza privado o pública. Además, se necesita dominar, al menos, una lengua extranjera, especialmente el español.

- ¿Qué cualidades debe tener una persona para desempeñar el trabajo de guía de turismo?

Debe ser cortés y amable, mostrar tolerancia y paciencia y tener una buena formación general. Además, debe ser sociable y tener sentido del humor.

- ¿Qué jornada de trabajo debe cumplir un guía?

Las horas son irregulares. Debe trabajar largas horas sin interrupción. No tiene un horario fijo. Debe cumplir un horario muy intenso.

- ¿Qué garantías/ventajas tiene este tipo de actividad?

Se puede conocer mucha gente diferente/muchos lugares diferentes. Se puede viajar mucho. Se recibe buenas propinas. Se puede ganar un buen sueldo. Existe la posibilidad de viajar gratis/a precio reducido.

6. You may have to provide students with the necessary information or indicate where these data may be obtained, before they prepare their oral reports. The school/university library will probably have up-to-date statistics on employment/unemployment, job prospects, etc. Together with the class, go through the **Frases y palabras útiles** adding to them if you wish:

la demanda de trabajo
la búsqueda de un empleo
estar desempleado
estar en el paro
no tener un trabajo fijo
los trabajadores temporeros
la población activa
la fuerza laboral
los sindicatos
las asociaciones de empresarios
el seguro de desempleo
cobrar el seguro de desempleo
las perspectivas laborales

la posibilidad de encontrar un empleo

un empleo/un trabajo bien/mal remunerado

ADDITIONAL PRACTICE

The following game will give students the chance to use some of the vocabulary they have learned, as well as make use of new words and expressions related to professions and activities: First cut several small pieces of paper—one for each member of the class—and on each of them write the name of a profession or activity. Ask each student to pick one at random, without revealing its content to the others. Students will then prepare a brief talk describing the job, as if it were their own profession or activity. The class must identify the profession. For example:

En mi trabajo debo viajar largas horas y desplazarme de un país a otro sin permanecer en ninguno demasiado tiempo. Mi trabajo lo realizo mientras viajo. Debo atender a mucha gente, servirles comidas, bebidas y darles lo que me piden. Debo estar preparado/a para cualquier emergencia y para eso, al iniciarse el viaje, tengo que informar al público sobre las normas de seguridad y lo que se deberá hacer en caso de emergencia . . . . (una azafata o un auxiliar de vuelo)

13. Un lugar donde vivir

DIÁLOGOS

1. Buscando un piso

The dialogue is short enough for students to memorize it, paying special attention to expressions which they will be able to use in the section **Y ahora tú:**

Llamo por el anuncio en . . .

¿Podría darme más información?

No cuelgue.

Lo siento, pero . . .

Ya está alquilado.

Si gusta, llame usted . . .

Es posible que tengamos . . .

Remind students of the use of the subjunctive in impersonal expressions with *ser (es posible . . .)* and in sentences that indicate possibility or probability:

Es posible que tengamos algo.

Es probable que haya alguno.

Posiblemente esté libre la semana que viene.

Probablemente lo alquilen otra vez.

Contrast this with the expression of certainty in *Con toda seguridad tendremos algo* and *Seguramente está alquilado.*

2. Otro anuncio

As you present the dialogue, ask students to point out phrases and sentences in the text that express the following ideas:

- I'll put you through with the person in charge.
- Hello, can I help you?
- As the advertisement says . . .
- in advance
- that is to say
- it's returned
- the fourth floor
- it's in perfect condition
- When is it available?
- whenever you like

Point out the use of the subjunctive in the following sentences:

Le sugiero que venga a nuestra oficina.

Para que el conserje . . . le muestre el piso.

Cuando usted guste.

3. En la agencia inmobiliaria

As you present the dialogue, check comprehension by asking questions like these:

¿Dónde está situado el piso?

¿Cuándo estará disponible?

¿Para quién es el piso?

¿Cuántos dormitorios tiene? ¿Cómo son?

¿Es un piso interior?

¿Cómo es la calle de la Macarena?

¿Cuánto cuesta el alquiler?

¿Qué le sugiere el empleado a Angela?

¿Qué duración tiene el contrato de alquiler?

¿Quién les mostrará el piso?

¿Qué tendrán que hacer si les interesa?

While students look at the text, point out words and expressions which may require more practice, for example:

(no) está disponible (estar disponible)

(no) estamos dispuestos a . . . (estar dispuesto a . . .)

de momento . . .

efectivamente

de manera que . . .

cabrían (dos camas) (caber)

da a la calle (dar a . . .)

créame que . . .

nada mal

renovable

Y AHORA TÚ

1. Before students work together in pairs, you may want to play one of the roles with a student acting as the employee or the person interested in renting an apartment:

A: Buenos días. He visto el anuncio de alquiler que ustedes han publicado en el diario de hoy y estoy interesada en el apartamento de la calle . . .

B: Un momentito, por favor. No cuelgue. Voy a ver si todavía está disponible.

B: ¿Oiga?

A: Sí, dígame.

B: Mire, lo siento, pero el apartamento de la calle . . . acaba de ser alquilado.

A: ¡Qué lástima! ¿No tiene otra cosa?

B: A ver . . . Sí, mire, tenemos otro en la avenida . . . El alquiler es de . . . pesetas y está situado a unos veinte minutos de la playa. Si a usted le interesa, puedo mostrárselo.

A: No, es demasiado dinero. Además, a mí me interesa algo que esté más cerca de la playa. Estoy aquí de vacaciones y quiero estar lo más cerca posible del mar.

B: Pues, de momento no tenemos ninguna otra cosa. Vuelva a llamar dentro de unos días. Para entonces quizá tengamos algo.

A: Gracias. Hasta luego.
B: De nada. Hasta luego.

2. You may want to play one of the characters before asking the rest of the class to work in pairs. The following dialogue may serve as a model:

A: Buenos días. Estoy interesado/a en el apartamento que se alquila en la calle . . . ¿Podría decirme si todavía está disponible?
B: Sí, aún no se ha alquilado.
A: Quisiera más información sobre él, por favor.
B: Lo siento, pero sólo podemos darle la información que aparece en el anuncio. Si quiere más información tiene que venir personalmente a nuestras oficinas.
A: Pero, es que no quiero perder el tiempo yendo a ver un apartamento que a lo mejor no me va a interesar.
B: Sí, comprendo, pero es una de las reglas de nuestra agencia. Yo no puedo hacer nada.
A: Bueno, en ese caso tendré que ir hasta allí. ¿Dónde están sus oficinas?
B: Estamos en la calle . . . , N° . . .
A: ¿Hasta qué hora está abierto?
B: Cerramos a las 20.00 horas.
A: Bien, pasaré por allí dentro de media hora.
B: Perfectamente, cuando usted guste.
A: Hasta luego.
B: Hasta luego.

3. The following dialogue may serve as a model before students work with partners:

A: Buenos días. Soy la persona que ha llamado esta mañana por el apartamento que se alquila en la calle . . .
B: Sí, siéntese, por favor. Traeré la carpeta con la información que usted desea. Aquí está.
A: En primer lugar, me interesa saber cuánto es el alquiler mensual.
B: Son . . . pesetas al mes. Eso sí, tendría que pagar un mes por adelantado, un mes de garantía y nuestra comisión, que es el 30 por ciento del valor del alquiler mensual.
A: Es mucho dinero.
B: La verdad es que el apartmento no está caro, de manera que merece la pena. La garantía se la devolveremos al finalizar el contrato.

A: El anuncio dice que está situado en la calle . . . ¿En qué sector está?

B: Pues, está en el Paseo Marítimo, justo enfrente de la playa. Muy bien situado, como usted puede ver.

A: ¿Y cuántas habitaciones tiene?

B: Consta de tres dormitorios, dos dobles y uno individual. Además, una pequeña sala, comedor, dos cuartos de baño, cocina totalmente equipada y una pequeña terraza. Está situado en la quinta planta, con una vista espectacular. Estoy seguro de que le gustará. ¿Desea verlo?

A: Sí, me gustaría verlo ahora mismo si fuera posible.

B: Perfectamente, yo misma lo acompañaré. Iremos en mi coche. Un momento, por favor, voy a recoger las llaves.

4. and **5.** Ask students a few leading questions before they describe the apartment or house:

- ¿Dónde está situado/a?

- ¿Cómo es?

- ¿Cuántas habitaciones tiene?

- ¿Tiene garaje, terraza, chimenea?

- ¿Es interior o exterior?

- ¿Tiene una bonita vista?

- ¿Cómo es el barrio?

- Y los vecinos, ¿qué tal son?

- ¿Qué tal el transporte?

- ¿Hay alguna parada de autobús/estación de metro o ferrocarriles cerca de allí?

ADDITIONAL PRACTICE

The subject of housing and accommodation may lead into an interesting discussion focusing on points such as these:

- Type of housing favored by the majority of people in their country, region, or town: *¿Dónde prefiere vivir la mayoría de la gente, en grandes edificios de apartamentos, en casas . . . ?*

- Locations favored by most people: *¿Dónde prefiere vivir la gente: en el centro, cerca del centro, en los barrios que rodean la zona céntrica, en las afueras de la ciudad . . . ?*

- Size of apartment or house favored by most people: *¿Prefiere la gente vivir en apartamentos o casas grandes/pequeñas? ¿Por qué? ¿De qué depende?*

- How social class differences determine the types of housing chosen as well as the area: *¿Qué diferencia se pueden establecer con respecto a vivienda para los distintos grupos sociales? ¿Para la clase alta, media-alta, media, media-baja, baja? ¿Qué observaciones se pueden hacer con relación a los sectores de la ciudad donde se concentran los distintos grupos sociales? ¿Qué características generales tienen los distintos barrios?*

- Accommodation for students and young people in general: *¿Qué tipo de vivienda elige preferentemente la gente joven/los estudiantes? ¿Por qué? ¿Qué barrios prefieren? ¿Por qué?*

- Students discuss their own situations: *¿Por qué elegiste el tipo de vivienda donde vives? ¿Qué te parece el barrio donde vives? ¿Te gusta vivir allí? ¿Por qué?*

Ask leading questions such as those listed above and encourage students to express their own ideas on the subject. You may also provide some additional vocabulary not included in the previous exercises:

los servicios públicos

bien/mal dotados

las áreas verdes (jardines, parques, plazas)

las zonas de esparcimiento (plazas, estadios, centros culturales)

las áreas de mayor concentración urbana

los suburbios

viviendas económicas/de categoría media/de lujo

14. Cuestión de salud

DIÁLOGOS

1. De vacaciones en Cancún, México

The dialogue is short enough for students to memorize, making small changes in the names and room number, and substituting other words and phrases if they wish, for example:

¿Puede usted llamar a un médico?

¿Podría llamar a un doctor?

¿Sería tan amable de llamar a un médico/doctor?

No me siento bien.

Me siento mal.

Estoy enfermo.

Le enviaré al doctor Martínez.

Voy a mandarle al doctor González.

Le mandaré a la doctora Ruiz.

2. Llega el médico

During presentation of the dialogue check comprehension by asking questions like these:

- ¿Qué le pasa a Robert Martin?
- ¿Qué había comido el día anterior?
- ¿Qué diagnóstico hace el doctor?
- ¿Qué le recomienda?
- ¿Qué le receta?
- ¿Cuál será el efecto del medicamento?
- ¿Con qué frecuencia tiene que tomarlo?

As students study the text, point out words and expressions related to health and add others if you wish:

me duele el estómago

tengo dolor de estómago

tengo fiebre

siento náuseas

me duele la cabeza

tengo dolor de cabeza

me duele una muela

me duele la espalda

me duelen los oídos

tengo dolor de oídos

estoy resfriado

estoy constipado (in Spain, I have a cold)

tengo un catarro

tengo gripe

See exercises 2 and 3 in the section **Y ahora tú** for other expressions.

3. Una cita con el dentista

As you present the dialogue point out the use of *dar una cita* in *¿podría darme una cita con el doctor Real, por favor?* You may also want to teach *pedir una cita,* for example: *voy a pedir una cita con el dentista,* and *tener una cita,* as in *tengo una cita con el médico a las 11.00.*

Explain, if necessary, the use of *es que . . . ,* normally found in sentences containing a reason or an excuse, for example:

—Lo siento, pero está todo tomado.

—Es que es urgente.

—¿Por qué no viniste ayer?

—Es que tuve mucho que hacer.

—Deberías comprarlo.

—Es que no tengo dinero.

Y AHORA TÚ

1. You might want to interpret one of the roles before asking students to act together in pairs. Here's a model dialogue:

A: Buenas tardes. Quisiera pedir una cita con el doctor Ramírez, por favor.

B: ¿Ha estado usted aquí antes?

A: No, estoy aquí de paso. Es mi primera visita.

B: Bueno, el doctor atiende solamente por las tardes, de 18.00 a 20.30.

A: ¿Podría darme una cita para esta misma tarde? Se trata de una urgencia.

B: A ver, un momentito, por favor. Sí, mire, podría darle una cita para las 20.15. Antes no puedo.

A: De acuerdo.

B: ¿Su nombre, por favor.

A: (Name)

B: De acuerdo señor(ita) . . . A las 20.15 lo/la verá el doctor.

A: Perdone, no sé dónde está el consultorio. Me da la dirección, por favor.

B: Sí, está en la Avenida Las Palmeras 542. ¿Sabe usted dónde está?

A: No, no estoy seguro/a.

B: Mire, ¿conoce usted la Plaza San Martín?

A: Sí, sí la conozco.

B: Pues, la Avenida Las Palmeras está al lado norte de la plaza.

A: Bien, muchísimas gracias. Hasta luego.

B: De nada, hasta luego.

2. Before asking students to work together in pairs, encourage the class to provide sentences and expressions they might want to incorporate into the conversation, for example:

DOCTOR: ¿Qué le pasa/sucede?
           ¿Qué es lo que tiene?

PACIENTE: Me siento mal.
           No me siento nada bien.
           Estoy enfermo/a.

DOCTOR: ¿Tiene usted buena salud, en general?
           ¿Qué tal su salud, en general?
           ¿Qué enfermedades ha tenido?

PACIENTE: En general, tengo buena salud.
           No tengo mayores problemas.
           Tengo una salud excelente/pésima.
           He tenido sarampión (measles), paperas (mumps).

DOCTOR: ¿Cuáles son sus síntomas?
           ¿Qué le pasa ahora?

PACIENTE: Tengo dolor de (cabeza, estómago)
           Me duele (la cabeza, el estómago)
           Tengo fiebre.
           Estoy resfriado/a.

DOCTOR: Tiéndase aquí.
           Tiéndase sobre la camilla.
           Voy a hacerle un reconocimiento.
           Lo que usted tiene es (una gripe, una infección estomacal)
           Se trata de (una intoxicación, agotamiento, una insolación)
           Le aconsejo que (descanse, tome comidas livianas, no se exponga al sol)

3. You may want to play one of the roles before assigning a dialogue to pairs of students. Here's a model to follow:

A: ¿Sí?

B: Buenos días. Mire, esta es la habitación 50. Tengo un terrible dolor de muelas y necesito ver urgentemente a un dentista. ¿Podría usted recomendarme alguno?

A: Bueno, en un edificio que está enfrente de la estación hay una dentista, la doctora González. Si gusta le doy el número de teléfono. Así, usted mismo podrá llamar y pedir una cita.

B: Sí, por favor. Deme el número.

A: Un momentito. Sí, aquí está. Es el 42 12 33.

B: 42 12 33. Muchas gracias. Llamaré ahora mismo. Hasta luego.

A: Hasta luego.

4. Again, a model dialogue between you and one of the students might help to introduce expressions the class may need when they work together in pairs.

A: Buenos días. Quisiera pedir una cita con la doctora González, por favor. Se trata de una urgencia.

B: Lo siento, pero la doctora está en una conferencia y no atenderá esta mañana. Si gusta puede venir por la tarde.

A: ¿A qué hora empieza a atender?

B: A las 14.30.

A: ¿Podría atenderme a esa hora, entonces?

B: No, no se puede. Está todo tomado hasta las 5.00 de la tarde. Antes es imposible.

A: Bueno, deme hora para las 5.00, entonces.

B: Perfectamente, ¿su nombre, por favor?

A: John Carlton.

B: ¿Podría deletrear su apellido?

A: C-a-r-l-t-o-n. Carlton. John Carlton.

B: Muy bien, señor Carlton.

A: Ah, ¿puede decirme dónde está el consultorio de la doctora González?

B: Está en la Calle Chapultepec, Nº 21.

A: Perdone, ¿cómo se escribe el nombre de la calle?

B: Ch-a-p-u-l-t-e-p-e-c. Chapultepec. Está detrás de la estación de ferrocarriles.

A: Muchas gracias.

B: De nada.

5. Before students work together in pairs or small groups to discuss the subject, you may want to go through each of the questions listed in the exercises, encouraging the class to provide some answers that may serve as a starting point for the debate. At this stage, you may also go through the words and phrases under **Frases y palabras útiles,** explaining new vocabulary and introducing other expressions if necessary. List the words as they come up, adding other related words with different functions (verb, noun, adjectives).

- alimentarse
  la alimentación
  los alimentos
  bien/mal alimentado/a
- la salud
  tener buena/mala salud
  gozar de buena salud
  saludable
- dañino
  el daño
  dañar
- el cuidado
  cuidar
  cuidadoso
- el cuerpo
  corporal
- fumar
  los fumadores
- perjudicial
  perjudicar
- el consumo
  consumir
  los consumidores

6. Before the students work together in pairs or in small groups to discuss the questions, you may want to ask them to talk about their diets and whether they need to take vitamins.

ADDITIONAL PRACTICE

Encourage students to debate other health problems, for example excessive exposure to the sun: possible consequences, why it is dangerous to expose one's skin to the sun for too long, what precautions we should take when sunbathing, etc. Ask leading questions first and introduce vocabulary and expressions students might need when discussing this topic:

  exponerse al sol

  tomar el sol

  pasar mucho tiempo al sol

  los rayos ultravioletas

penetrar

el cáncer de la piel

no abusar del sol

proteger la piel con una crema o aceite apropiado

la capa de ozono

el peligro

peligroso

15. Cuestión de dinero

DIÁLOGOS

1. Pedir información en el banco

As you present the dialogue, point out words and phrases related specifically to the topic, and add others if you wish:

cambiar dinero

cambiar dólares/libras en pesetas

el cambio

la casa de cambio

los cheques de viaje/los cheques de viajero

en efectivo

¿A cómo está el cambio?

¿A cuánto está el cambio del dólar/la libra hoy?

el cambio está a . . .

la comisión

Explain that, as exchange rates fluctuate, we use *estar,* which normally signals a state, rather than *ser.* Contrast this with *¿cuánto es?,* how much is it?

2. Una transferencia de fondos

As you present the dialogue, point out sentences whose function is to request information:

- ¿Dónde puedo averiguar . . . ?
- Quisiera saber . . .
- ¿Sabe usted . . . ?

Review if necessary the use of imperatives in directions and instructions:

Suba usted al primer piso. . . . pregúntele a uno de los empleados.

Call the students' attention to the use of indirect speech in:

. . . ayer me llamó mi padre y me dijo que la había mandado el lunes por la mañana (*Direct statement:* La mandé el lunes por la mañana.)

Point out the use of the subjunctive in *Es mejor que venga después del mediodía. A esa hora puede que haya llegado.*
Give other similar examples:

- Es mejor que regrese esta tarde.
- Es preferible que llame por teléfono.
- Es posible que lo hayamos recibido.
- Es probable que no lo hayan enviado.
- Puede que se haya perdido.
- Quizá(s) no haya hecho la transferencia.
- Tal vez no lo haya mandado.

3. En otra sección del banco

As you present the dialogue, point out words and phrases related specifically to the topic, and add others if you wish:

la cuenta (corriente)

una cuenta en moneda extranjera

abrir una cuenta corriente

el/la cuentacorrentista

el cheque

el cheque al portador

el cheque cruzado

el talonario de cheques

el endoso

la transferencia

la letra de cambio

el billete

los intereses

el depósito a la vista

el depósito a plazo fijo

Ask students to work in pairs and reenact the dialogue, making changes where possible, for example:

- Yo no soy residente en México. Vivo en los Estados Unidos, pero vengo a menudo a México de vacaciones.
- ¿Qué interés pagan ustedes en las cuentas en dólares?
- En los depósitos a plazo fijo se está pagando alrededor del 8% anual.
- El mínimo son 5.000 dólares.

Y AHORA TÚ

1. A model dialogue between you and one of the students may help reinforce expressions before the class works together in pairs:

A: Buenas tardes. ¿La sección Cambio, por favor?

B: Está en el segundo piso, en el mostrador del fondo.

A: Gracias.

(En la sección cambio de moneda extranjera.)

A: Buenas tardes. ¿Podría decirme a cuánto está el cambio del dólar?

B: Por cheques estamos pagando 335 pesos y por billetes 330, pero hay una comisión mínima de 10 dólares.

A: Está bien. Quisiera combiar doscientos dólares en cheques de viaje.

B: ¿Quiere firmar los cheques aquí? Y me da su pasaporte, también por favor.

A: Aquí tiene usted.

B: Un momentito, por favor. Bien, ¿quiere pasar a la caja número tres? Allí le darán su dinero y le devolverán el pasaporte.

A: Muchas gracias.

B: No hay de qué.

2. Again, a model dialogue between you and one of the students may facilitate the task for students to later work in pairs:

A: Buenos días. Mi familia me ha enviado una transferencia de dinero y quisiera saber si ha llegado.

B: ¿Cómo se llama usted?

A: (Name)

B: ¿Y la transferencia de dónde viene?

A: Viene de (city).

B: ¿Por cuánto es?

A: Por (amount and currency).

B: Un momentito, por favor. Veré si ya está aquí.
(Después de un rato)
Mire, lo siento, pero aún no ha llegado. ¿Sabe usted cuándo la mandaron?

A: Hace dos o tres días.

B: Bueno, todavía estamos dentro del plazo. Puede que llegue mañana o pasado.

A: Mire, yo contaba con ese dinero hoy. Esto me crea un problema enorme, ya que me queda muy poco dinero y no tengo a quien recurrir. Me parece muy extraño que no haya llegado. ¿No se habrá extraviado?

B: Lo siento mucho. Comprendo perfectamente su situación, pero yo no puedo hacer nada. ¿Por qué no telefonea a su familia para saber exactamente cuándo se envió? Una transferencia de dinero por telex tarda normalmente dos días en llegar. Es muy probable que esté aquí mañana. Mire, ¿por qué no me deja su número de teléfono y yo mismo lo llamaré cuando la hayamos recibido?

A: Muchas gracias. Es usted muy amable. Estoy en el Hotel Los Conquistadores. El teléfono es el 456 32 12.

B: No se preocupe usted, lo llamaré en cuanto tenga alguna noticia sobre su dinero.

A: Hasta luego, muchísimas gracias.

B: De nada, hasta luego.

3. Here is a model conversation:

A: Buenos días. Mire, pensaba pagar la cuenta del hotel esta noche y marcharme mañana, pero debido a un problema de dinero no podré hacerlo.

B: Sí, ¿de qué se trata?

A: Estoy esperando una transferencia que mi familia me ha enviado al Banco Nacional, pero aún no ha llegado y me queda muy poco dinero. La única solución es continuar aquí hasta que ésta llegue. Sólo me queda dinero para comer un par de días.

B: Mire, no se preocupe usted. No es la primera vez que esto sucede. Quédese usted en el hotel hasta que haya llegado su transferencia. Mientras tanto, puede comer en el restaurante. Le cargaremos el consumo a su cuenta.

A: Le agradezco mucho. Lamentablemente tendré que hacerlo así y esperar hasta que aparezca el dinero.

B: ¿En qué habitación está usted?

A: En la 810.

B: Perfectamente, espero que solucione su problema.

A: Espero que sí. Iré otra vez al banco a ver si hay alguna noticia.

B: Buena suerte.

A: Gracias.

4. Before the students read the text, encourage them to give their own opinions on financial success and the reasons that may lie behind it. This will allow you to introduce some of the words and phrases used in the passage, as well as others students may need when discussing the subject:

el éxito económico

el fracaso económico

la iniciativa personal

el esfuerzo individual

el trabajo responsable

el nivel educacional

la suerte

los contactos

la ayuda económica del Estado

Here is a list of other useful words and phrases:

tener éxito, triunfar, fracasar, tener ambiciones, ser una persona trabajadora, ser una persona esforzada, esforzarse por (conseguir algo), tener disciplina, ser disciplinado, tener buena/mala suerte, tener buenas/malas calificaciones.

After the students have read the text and before they discuss the subject, ask a few simple questions to check comprehension:

- Según los encuestados, ¿cuál es la principal razón del éxito económico de las personas?
- ¿Cuál es el segundo factor más importante?
- ¿Qué importancia tienen la suerte y los contactos?
- ¿Qué porcentaje de los encuestados se refirió a la "ayuda económica del Estado" como un elemento relevante?

ADDITIONAL PRACTICE

Durante unas vacaciones en un país de habla española te roban todos tus cheques de viaje. Sólo tienes dinero para uno o dos días. Afortunadamente tienes un seguro, por lo tanto vas a la oficina local, representantes del banco que emitió los cheques, para que te solucionen el problema. Hablas con una empleada, le explicas el problema y le pides que te den otros cheques por el mismo valor de los que has perdido. La empleada te pedirá un comprobante de compra de los cheques y tu pasaporte. También deberás rellenar un formulario con tus datos personales, en el que consignarás, además, el robo de los cheques de viaje. Afortunadamente, el problema se soluciona y puedes continuar disfrutando de tus vacaciones.

Frases y palabras útiles

me han robado . . .

tenía un seguro

estaban asegurados

quiero recuperar . . .

el comprobante de compra

los datos personales (nombre, dirección, teléfono)

dejar constancia escrita de la pérdida o robo de los cheques de viaje

NTC SPANISH TEXTS AND MATERIALS

Computer Software
Basic Vocabulary Builder on Computer
Amigo: Vocabulary Software
Videocassette, Activity Book, and Instructor's
   Manual
VideoPasaporte Español

Graded Readers
Diálogos simpáticos
Cuentitos simpáticos
Cuentos simpáticos
Beginner's Spanish Reader
Easy Spanish Reader

Workbooks
Así escribimos
Ya escribimos
¡A escribir!
Composiciones ilustradas
Nueva gramática comunicativa
Spanish Verb Drills
Spanish Grammar in Review

Exploratory Language Books
Spanish for Beginners
Let's Learn Spanish Picture Dictionary
Spanish Picture Dictionary
Getting Started in Spanish
Just Enough Spanish

Conversation Books
¡Empecemos a charlar!
Basic Spanish Conversation
Conversando
Diálogos contemporáneos
Everyday Conversations in Spanish
Al corriente
Manual and Audiocassette
How to Pronounce Spanish Correctly

Text and Audiocassette Learning Packages
Just Listen 'n Learn Spanish
Just Listen 'n Learn Spanish Plus
Just Listen 'n Learn Business Spanish
Practice and Improve Your Spanish
Practice and Improve Your Spanish Plus
Destination Spanish

High-Interest Readers
Sr. Pepino Series
   La momia desaparece
   La casa embrujada
   El secuestro

Journeys to Adventure Series
   Un verano misterioso
   La herencia
   El ojo de agua
   El enredo
   El jaguar curioso

Humor in Spanish and English
Spanish`a la Cartoon

Puzzle and Word Game Books
Easy Spanish Crossword Puzzles
Easy Spanish Word Games & Puzzles
Easy Spanish Vocabulary Puzzles
Easy Spanish Word Power Games

Transparencies
Everyday Situations in Spanish

Black-line Masters
Spanish Verbs and Vocabulary Bingo Games
Spanish Crossword Puzzles
Spanish Word Games for Beginners
Spanish Culture Puzzles
Spanish Word Games
Spanish Vocabulary Puzzles
Creative Communicative Activities for the
   Spanish Class

Handbooks and Reference Books
Complete Handbook of Spanish Verbs
Spanish Verbs and Essentials of Grammar
Nice 'n Easy Spanish Grammar
Tratado de ortografía razonada
Redacte mejor comercialmente
Guide to Correspondence in Spanish
Guide to Spanish Idioms
Side by Side Spanish & English Grammar
Guide to Spanish Suffixes
Spanish Grammar in Review
¡Escriba con estilo!
BBC Phrase Book

Dictionaries
Vox Modern Spanish and English Dictionary
Vox New College Spanish and English
   Dictionary
Vox Compact Spanish and English Dictionary
Vox Everyday Spanish and English Dictionary
Vox Traveler's Spanish and English Dictionary
Vox Super-Mini Spanish and English Dictionary
Cervantes-Walls Spanish and English Dictionary

For further information or a current catalog, write:
National Textbook Company
a division of *NTC Publishing Group*
4255 West Touhy Avenue
Lincolnwood, Illinois 60646–1975 U.S.A.